LK 883

MÉMOIRE

SUR

LA COLONIE DE SAINT-PIERRE ET MIQUELON

ET SUR

LES VRAIS MOYENS DE CONSOLIDER CET ÉTABLISSEMENT.

Par M. Aug. FILLEAU,

SOUS-COMMISSAIRE DE LA MARINE.

France is anxious to revive her navy: she builds good ships, has brave and scientific officers. So Russia. But where are the essential sources of maritime power in either ? Where are their sailors trained in a commercial marine?

(*Rush's Residence at the court of London.*)

PARIS,

IMPRIMERIE ADMINISTRATIVE DE PAUL DUPONT,

RUE DE GRENELLE-SAINT-HONORÉ, 55.

1850

AVANT-PROPOS.

Paris, janvier 1850.

Peu de personnes, jusqu'à présent, se sont occupées des îles Saint-Pierre et Miquelon. On ne connaît pas encore en France toute l'influence qu'elles exercent sur l'extension de la navigation nationale et l'agrandissement des cadres de l'inscription maritime.

J'ai entrepris de faire l'exposition de la situation de ces îles en remontant à l'époque de leur première colonisation, en 1763, et de démontrer qu'elles renferment des éléments de prospérité maritime qu'il importe à la mère-patrie de ne pas laisser dans l'inaction.

Le sujet demandait beaucoup de développements. Je n'ai pas cru devoir les refuser à la matière.

MÉMOIRE

SUR

LA COLONIE DE SAINT-PIERRE ET MIQUELON.

CHAPITRE Ier.

Eléments qui sont entrés dans la composition de la population sédentaire. — Conséquences.

Les instructions qui vous ont été données sous la date du 17 février 1816 vous ont fait connaître que le Roi ne prétendait point envoyer ni entretenir des pensionnaires *aux îles Saint-Pierre et Miquelon, et que les individus qui ne trouveraient pas, soit dans leurs propres occupations, soit dans celles de leurs familles, les moyens de subsister, ne pourraient être considérés que comme un fardeau dangereux dont il faudrait décharger la colonie..........*
Vous voudrez bien, en conséquence, à l'expiration du terme de dix-huit mois ci-dessus, vous occuper du renvoi en France des habitants qui seraient reconnus incapables de contribuer à l'accroissement de la pêche.

(Dépêche du ministre de la marine et des colonies en date du 18 mars 1817, numérotée 12, au commissaire de marine chargé du service aux îles Saint-Pierre et Miquelon. — Direction des colonies.)

On voit par l'extrait qui précède quelles étaient les idées qui prévalaient au ministère de la marine, lors de la reprise de possession des îles Saint-Pierre et Miquelon, en 1816. Il ne fallait ni misère ni paresse dans un établissement dont le caractère ne pouvait être que maritime ; car toute profession qui s'exerce en mer exige toujours beaucoup d'activité, et nécessite, pour la pêche de la morue surtout, l'emploi de capitaux plus ou moins considérables, mais toujours importants.

Quelle autre ressource que la pêche aurait pu être offerte, en effet, à une population vivant sur un sol aussi aride, aussi peu étendu que celui de la nouvelle colonie, et sous un climat tel que le sien? Au point de vue maritime, au contraire : côtes poissonneuses, port de relâche excellent pour les bâtiments destinés à faire la pêche sur le grand banc de Terre-Neuve; lieu bien placé de centralisation des approvisionnements de pêche et de préparation du poisson ; ces avantages ne pouvaient se rencontrer pour nous qu'aux îles Saint-Pierre et Miquelon, puisque les suites d'une guerre malheureuse ne nous avaient pas permis d'élever nos prétentions plus haut que la possession de ces îles.

En a-t-on tiré tout le parti possible? Ne s'est-on pas trouvé, pour ainsi dire, obligé d'entrer dans une voie autre que celle qui avait d'abord arrêté les regards du Gouvernement? Je vais essayer de résoudre ces questions.

J'expliquerai, avant tout, comment le ministère de la marine a été entraîné à peupler la colonie avec des éléments qui ne pouvaient atteindre le but qu'il s'était proposé.

Après le traité de Paris du 10 février 1763, il ne resta plus à la France, dans l'Amérique du Nord, qu'un droit d'établissement restreint à la durée de la saison de pêche, sur des points déterminés de la côte de Terre-Neuve, et la possession permanente des îles Saint-Pierre et Miquelon. Cette possession, subordonnée à des restrictions dans le principe, fut convertie en *propriété exclusive* par le traité du 3 septembre 1783.

Dès l'année 1763, les îles Saint-Pierre et Miquelon se sont peuplées de familles venues de l'Ile Royale, de l'île Saint-Jean, des îles de la Madeleine, etc., que nous possédions avant la guerre de 1755, en vertu du traité d'Utrecht (11 avril 1713).

Or, de même qu'en 1749, après la conclusion du traité d'Aix-la-Chapelle (18 octobre 1748), les colons déportés de l'Ile Royale par les Anglais qui s'étaient emparés de cette île pendant la guerre, purent librement y retourner, de même, après le traité de 1783, de même, après les traités de 1815, les droits acquis furent respectés, et le sol natal ne fut pas refusé aux familles qui, depuis 1763, habitaient les îles Saint-Pierre et Miquelon.

Le Gouvernement, qui avait été obligé de les nourrir pendant la durée des différentes guerres (car cette population n'avait d'autre profession que la pêche et n'en reconnaissait même aucune autre d'honorable pour elle), favorisa d'autant plus son retour, qu'aux époques des reprises de possession, et plus particulièrement en 1816, ce que l'on désirait le plus, en donnant des encouragements à la pêche, c'était de porter des morues françaises dans nos colonies d'Amérique, dont le marché, pour cet objet de consommation, était monopolisé par les étrangers (1), et de réaliser ainsi le double avantage de l'abaissement du prix de la morue et du développement de la navigation nationale.

D'anciens habitants, des pêcheurs de profession, pouvaient bien mieux que d'autres atteindre ce but; et leur spécialité, jointe à leur position intéressante, est une explication suffisante de la destination qui leur fut donnée.

Les résultats ont-ils répondu à l'attente? Assurément, non. Car, à peine M. Bourrilhon, commissaire de marine chargé du service aux îles Saint-Pierre et Miquelon, en 1816, est-il entré en fonctions, que nous le voyons déclarer dans plusieurs lettres, dont les principales portent les dates des 4 juillet et 4 novembre 1816, 31 octobre 1818, etc., que les déportés sont, pour la plus grande partie, impropres au métier de la pêche, qu'ils ne peuvent suffire à leurs besoins, et prévenir le ministre que : « sans un nouveau secours de « six mois de vivres (lettre du 31 octobre 1818), il se trouvera forcé « de renvoyer la *moitié* de la population en France. »

Le ministre s'étonne d'un pareil état de choses; il le voit avec le plus grand regret. Mais que faire de cette population, qui, inutile et à charge dans la colonie, le sera bien plus en France? Il ne défend cependant pas de renvoyer « les habitants qui seraient reconnus inca-« pables de contribuer à *l'accroissement de la pêche*, ou tout au « moins de se suffire à eux-mêmes par leur travail. » (Dépêche du 18 mars 1817.) Il prescrit même de le faire, et détermine la forme suivant laquelle sera prise la résolution de renvoi en France. Seulement, il recommande de n'user de ce droit qu'avec « une grande im-« partialité en même temps qu'une exacte justice, » c'est-à-dire avec une extrême réserve.

L'esprit de ces instructions est facile à saisir : Le département de la marine a été trompé dans son attente, en ouvrant les îles Saint-Pierre et Miquelon à leurs anciens habitants; mais il faut accepter un fait accompli, et c'est à l'administration locale surtout qu'il appartient d'améliorer la situation par de sages mesures, soit pour restreindre l'admission de nouvelles familles, soit pour encourager au travail et à l'industrie de la pêche.

J'ai lu avec beaucoup d'attention les instructions postérieures, j'y

---

1 Il n'y avait alors aux Antilles qu'un droit de 3 francs par quintal sur la morue étrangère.

ai trouvé le même esprit de justice et de bienveillance ; et je dois dire que, tout en se reposant sur l'administration de la colonie pour amender un état de choses qu'il ne pouvait réformer complétement, le ministère de la marine a toujours été disposé à seconder efficacement ses efforts. Je n'en citerai pour exemple que l'allocation, à partir de 1821, d'une gratification annuelle de 3,000 francs à ceux des habitants sédentaires qui se livreraient à la pêche avec le plus d'activité et d'intelligence.

Dans l'intervalle des trente et quelques années qui viennent de s'écouler, les choses ont à peine changé de face, et la population sédentaire se trouve à peu près dans le même état de dénuement. Il est même à remarquer qu'il n'y a de véritable indigence, aux îles Saint-Pierre et Miquelon, que dans la classe des pêcheurs.

Comment expliquer un tel résultat? On doit, sans doute, en faire peser la responsabilité sur les habitants (1) ; mais il faut aussi l'attribuer à ce qu'ils n'ont jamais eu de ressources suffisantes pour exploiter fructueusement la pêche, et encore plus à ce que, après la formation de la colonie, aucune condition n'a été faite aux familles qui sont venues s'y établir postérieurement.

En effet, il n'y a eu, aux îles Saint-Pierre et Miquelon, jusqu'en 1818, que 509 habitants sédentaires.

Au 31 décembre 1847, il y en avait 1,665.

Cet accroissement n'est point dû à la procréation, mais bien à un défaut de surveillance de l'administration locale, qui, en prenant des mesures telles que celle-ci : « tout habitant qui ne pourra « se procurer des vivres pendant l'hiver sera renvoyé en France, » n'y a pas tenu la main.

J'ai dit pourquoi il y aurait eu presque de l'injustice à renvoyer les anciens colons ; mais les nouveaux venus, nés en France, domiciliés en France, ce sont eux que cette mesure devait atteindre. Or, à peine rencontre-t-on de loin en loin quelques traces de son exécution ; et quand on se demande les motifs pour lesquels on n'arrêterait pas le mal dans sa cause, en rendant plus difficile la liberté de s'établir dans la colonie, il faut descendre jusqu'à 1843 pour trouver le premier acte qui ait posé des restrictions à la faculté, dont on avait joui jusqu'alors sans limite, de se fixer aux îles Saint-Pierre et Miquelon.

C'est ainsi que le pays s'est vu progressivement envahi par des

---

1 M. Brue a proposé et obtenu la suppression, à partir de 1834 (*lettre* du 12 novembre 1833), de la gratification de 3,000 francs, en basant sa proposition sur ce que cet encouragement ne contribuait en aucune manière à l'extension de la pêche.

familles des départements de la Manche, d'Ille-et-Vilaine et des Basses-Pyrénées, qui, n'apportant avec elles d'autres garanties que la volonté, je veux bien le croire, de se suffire à elles-mêmes par leur travail, n'ont pas tardé à tomber dans la misère (1), ces îles n'offrant de ressources qu'aux hommes faits, et seulement pendant la saison de la pêche (2). C'est ainsi que la quotité des secours à donner s'est accrue avec le nombre des habitants, non pas cependant dans la même proportion qu'en 1818, à l'époque où se formait la colonie, car la position n'eût pas été longtemps supportable, si le Gouvernement avait dû continuer à nourrir toute la population; mais, parmi ces nouveaux habitants, il s'est trouvé des indigents à soulager, et ils n'ont pas dû l'être autrement, et dans une autre mesure que les anciens colons.

Il est sans doute à regretter que la colonie ait été peuplée d'habitants qui n'étaient pas propres au métier de pêcheur; mais ce qui est surtout à déplorer, c'est qu'elle soit restée ce qu'elle était à sa formation : le siége de familles dont il faut secourir un partie sans aucune compensation pour l'Etat.

Je ne parlerai pas des déportés. Leur domicile était à Saint-Pierre et Miquelon; ils y étaient nés; on ne pouvait les contraindre à vivre en France, d'autant plus que leurs préjugés d'un côté, leurs habitudes de l'autre, ne leur permettaient pas d'exercer avec avantage une profession autre que la pêche qui se fait dans ces îles. Considérés comme colons, ils devaient naturellement être exempts de tout service militaire. C'est aux habitants actuels, qui avaient, à l'époque de la reprise de possession, leur domicile en France, que s'appliquent les réflexions ci-après.

Ceux-ci, dont la majeure partie était composée de marins, qui figuraient, en conséquence, sur les matricules de l'inscription maritime en France, ont été perdus pour la flotte. Ce n'est pas que leurs quartiers ou l'administration coloniale les aient oubliés; mais quand il s'est agi de lever sur les lieux les hommes mariés (et ils étaient pour ainsi dire tous pères de famille), ou de leur donner une feuille

---

¹ L'arrêté du 6 mars 1843 sur l'introduction des personnes étrangères à la colonie reconnaît lui-même ce fâcheux état de choses; car on lit, dans un de ses considérants, « que, depuis plusieurs années, un grand nombre de personnes sans moyens d'existence sont venues s'y établir. »

² Il n'y a aux îles Saint-Pierre et Miquelon aucune occupation pour les femmes qui n'ont pas de métier, et les enfants, à moins que ce ne soit la sécherie. Mais ce genre d'occupation, s'il ne leur est pas interdit, ne doit pas être encouragé; car le Gouvernement a le plus grand intérêt à ce que la sécherie reste dans le domaine exclusif des équipages des bâtiments expédiés pour la pêche.

de route pour France, l'autorité supérieure a été arrêtée par la crainte de voir tomber leurs femmes et leurs enfants à la charge du Gouvernement; car, ainsi que je l'ai dit plus haut, les familles ne vivent, dans ce pays, que du travail du chef.

Dans ce cas, selon moi, il fallait renvoyer en France et le marin et sa famille, par la raison que l'intérêt général doit dominer toutes les autres considérations, et que, lorsqu'on exempte un homme du service pour un motif qui ne repose pas sur la légalité, on commet une injustice au détriment de celui qui doit partir à sa place. Cela n'a pas été jugé praticable ; il est, au contraire, généralement admis parmi les marins, par suite des faveurs dont ils ont été l'objet, que la qualité d'homme marié exempte du service de la flotte. Les célibataires se sont donc mariés ; ils se marient tous les jours, et, jusqu'à ce que des ordres formels ne permettent ni indulgence de la part de la commission chargée de visiter les hommes, ni considération quant à leur position de famille, cette injustice ne cessera de se renouveler.

Acceptons cependant encore l'immunité dont jouissent les hommes mariés comme fait accompli. Mais, ce qui est très-regrettable, c'est qu'il n'ait été arrêté aucune disposition au sujet des enfants venus de France sans être inscrits, ou nés, dans la colonie, de parents venus postérieurement à l'année 1846; car ils exercent les professions maritimes sans être tenus à aucun service militaire; ceux qui ne sont pas marins sont en dehors de la loi du recrutement, quand ils sont nés dans le pays et tous ils n'ont pas, pour justifier un aussi grand privilége, les motifs que peuvent invoquer les colons, dont les pères ont eu tant à souffrir des horreurs de la guerre.

Telles sont les réflexions que suggère la composition actuelle de la colonie de Saint-Pierre et Miquelon : non-seulement les pêcheurs sont privés des ressources nécessaires à l'exploitation de leur industrie et appellent l'assistance de la métropole, mais encore on peut se demander s'il serait à propos d'encourager la navigation chez une population qui n'acquitte aucune dette envers le pays.

Aujourd'hui, en effet, il y a un tel encombrement de produits de pêche sur les marchés des Antilles, seuls points où les négociants français puissent se présenter sans courir les chances de perdre beaucoup, que la portion afférente aux habitants sédentaires ne fait plus qu'ajouter à cet encombrement. Sous ce rapport, il serait donc à désirer que la pêche de la morue fût exclusivement exploitée par des marins inscrits; à moins, toutefois, que le Gouvernement ne réalise les vœux formés depuis longtemps pour l'augmentation des primes. Dans ce cas, si la pêche des habitants sédentaires n'avait pas sur l'inscription maritime l'influence directe des armements métropolitains, elle aurait, cependant, pour le transport de ses produits, une certaine influence sur la navigation, et pourrait en quelque sorte continuer à recevoir des encouragements, tant à raison de cette influence, que pour donner à la population de ces îles les moyens de subsister. Car, bien que la pêche soit, des professions exercées dans la colonie, la moins lucrative, et qu'elle soit rapidement délaissée, ainsi qu'on le verra par le tableau ci-après, il faut néanmoins admettre que cette industrie y sera toujours le gagne-pain d'une grande partie des habitants.

Peut-être aussi sera-t-il possible, quelques difficultés que l'on puisse rencontrer, de faire contribuer la population aux charges de l'Etat. Ces difficultés, on les surmontera, je l'espère, soit directement par l'établissement de l'inscription maritime, soit en adoptant des mesures propres à modifier peu à peu et sans secousse une situation d'autant plus regrettable qu'il n'est pas pour nous de ressource à négliger, quand il s'agit d'augmenter le personnel appelé à maintenir sur mer les droits de la France.

Je ferai de ces questions l'objet d'une étude spéciale.

Mais, dans tous les cas, ce n'est pas intrinsèquement que la colonie aurait pu et pourrait désormais offrir de grandes ressources. C'est par sa position, par son excellent port, par des grèves bien aérées, par les facilités de ravitaillement qu'elle offre aux nombreux bâtiments qui la fréquentent ; c'est, en résumé, dans ses rapports avec la métropole qu'elle devient une des plus belles possessions de la République, un établissement indispensable au développement de la navigation commerciale. C'est donc à ce point de vue qu'elle va être considérée dans les chapitres suivants, et je crois même y pouvoir expliquer la situation actuelle de manière à ne laisser que peu de regrets pour le passé et à faire entrevoir l'avenir sous des couleurs moins sombres que ne le permettraient les considérations qui précèdent, bien qu'elles ne reposent que sur la réalité.

TABLEAU N° 1.

Répartition en diverses catégories de la population des îles Saint-Pierre et Miquelon au point de vue de l'exercice des professions maritimes pour 1847 et 1858.

DÉSIGNATION des ANNÉES.	DÉNOMBREMENT DE LA POPULATION						NOMBRE D'INDIVIDUS			NOMBRE DE PÊCHEURS			NOMBRE TOTAL des lieux, golfes, bancs.	PARAGES où LA PÊCHE LOCALE s'est exercée et nombre de pêcheurs		OBSERVATIONS.
	SÉDENTAIRE.			FLOTTANTE.			de 14 à 60 ans appartenant au sexe masculin.	Popula- tion séden- taire.	Popula- tion flot- tante.	appartenant aux équipages des bâti- ments d'Eu- rope, venus de France pour la pêche locale.	appartenant aux bâtiments armés dans la colonie, faisant la pêche locale.			sur les lignes.	embarca- de pêche.	
	Sexe mascu- lin.	Sexe fémin.	TOTAL.	Sexe mascu- lin.	Sexe fémin.	TOTAL.	Popula- tion séden- taire.	Popula- tion flot- tante.								
1847.........	876	789	1,665	453	57	510	550	453	371	506	587	1,477	599	240	668	446	La statistique imprimée des Îles Saint-Pierre et Miquelon porte pour 1858 : 511 habitants sédentaires... 377 livernants...... et 271 passagers... Tous ces chiffres sont erronés, notamment celui des habitants sédentaires, car, sur une po- pulation masculine de 526 individus de 14 à 60 ans, il ne pouvait y avoir 571 pêcheurs. Des recherches ont été faites avec soin sur les rôles mêmes, et les chiffres qui figurent au présent état sont seuls exacts.
1858.........	529	484	1,015	469	»	469	336	469	219	339	»	957	465	492	»	367	
AUGMENTATION	»	»	652	»	57	41	194	»	»	»	587	520	134	»	938	79	
DIMINUTION....	»	»	»	»	»	»	»	39	6	8	»	53	»	»	»	»	

Il résulte, entre autres choses, de cet état :

1° Que la population sédentaire a augmenté de plus de moitié dans l'espace de neuf ans;

2° Que la population flottante est restée la même, car l'augmentation, pour 1847, provient également de ce que, à l'époque du recensement, il se trouvait dans la colonie plusieurs familles anglaises qui avaient été autorisées à y séjourner temporairement pour des raisons de santé;

3° Que l'industrie de la pêche à décru à peu près dans la même proportion que la population sédentaire s'est accrue. En effet, dans l'année 1858, il y a eu, sur 536 individus males de 14 à 60 ans, 65 pêcheurs sur 100 individus (rapport de 249 à 536); tandis qu'en 1847, sur 550 individus de la même catégorie, il n'y a eu que 40 pêcheurs sur 100 individus (rapport de 213 à 550);

4° Qu'ainsi, la population tend à négliger l'industrie de la pêche;

5° Que la pêche locale, c'est-à-dire celle qui se fait sur des bateaux ou goélettes armées dans la colonie, a pris, au contraire, un très-grand développement depuis 1858, au moyen de pêcheurs venus de France comme faisant partie des équipages des bâtiments sujets au minimum;

6° Que cette extension de la pêche locale, exploitée par des marins venus de France, porte principalement sur la pêche du banc de Saint-Pierre et du grand banc, lequel n'était pas ex- ploitée, avant 1858, par les armements locaux;

7° Que la pêche du golfe a subi un décroissement de plus de moitié, depuis 1858;

8° Enfin qu'en 1858, la pêche locale n'était pas exploitée par des mains appartenant aux équipages des bâtiments d'Europe.

NOTA. — La quantité de morue sèche pêchée en 1847 par les habitants sédentaires a été de 681,602 kilogrammes.

TABLEAU N° 2.

État faisant connaître sommairement l'importance comm[erciale] des îles Saint-Pierre et Miquelon pour l'année 1847.

NOMBRE EFFECTIF de NAVIRES FRANÇAIS		NOMBRE D'HOMMES d'équipage.	TONNAGE.	NOMBRE D'ENTRÉES de FRANCE, des COLONIES et de l'étranger [1].	TONNAGE RÉSULTANT du nombre des entrées.	NOMBRE EFFECTIF de bâtiments étrangers.		IMPORTATIONS		TOTAL des importations.	EXPORTATIONS		TOTAL des exportations.	PRODUIT DE LA PÊCHE de 1847 dont l'expédition a été centralisée dans la colonie.			MOUVEMENT général du commerce.
pêcheurs.	transports.					NAVIRES [2] anglaises.	BARQUES françaises.	par bâtiments français.	par bâtiments étrangers.		par navires français.	par navires étrangers.		en morue sèche. Kilogrammes.	en morue verte. Nombre.	en huile de morue. Kilogrammes.	
125	54	3,928	26,457	207	30,751	68	1,200	1,790,8..	228,251	3,019,109	5,019,571	251,441	5,271,012	10,947,647	1,556,062	240,639	8,290,114

OBSERVATIONS.

[1] Les différentes relâches des navires pêcheurs, lesquelles montent à plus de 500, ne comptent que pour une entrée. Le nombre des entrées n'a été augmenté que pour les bâtiments transports qui ont fait plusieurs voyages.

[2] Le chiffre de cette colonne ne représente que le nombre des bâtiments étrangers qui ont débarqué tout ou partie de leur chargement. Il peut être augmenté de moitié pour avoir le chiffre total des navires étrangers qui ont fréquenté la colonie; car les îles Saint-Pierre et Miquelon se trouvant entre Saint-Jean-de-Terre-Neuve et la Nouvelle-Écosse et sur la ligne de passage, beaucoup de goëlettes anglaises relâchent à Saint-Pierre, soit par suite de mauvais temps ou pour des causes de ravitaillement, soit pour tenter le marché.

(Voir, pour plus d'informations, le tableau de commerce dressé pour 1847.)

CHAPITRE II.

L'état actuel de la colonie tient à la nature spéciale de l'établissement. Son importance lui vient de ses relations avec la métropole et l'étranger. — Mesures à prendre à l'égard de la population sédentaire, au point de vue des devoirs à remplir envers le pays.

Il résulte du tableau n° 1 que, sur une population mâle de 876 individus, dont 530 âgés de 14 à 60 ans, 213 seulement se sont livrés à la pêche en 1847, et qu'ainsi le complément du chiffre 530 (317) a dû trouver des moyens d'existence en dehors de cette industrie (1).

Cette situation est-elle naturelle ?

Convient-il de la modifier pour rendre à l'établissement le caractère maritime qu'il tend à perdre ?

Ou bien, est-il préférable de ne pas détourner le cours des choses, et de chercher ailleurs que dans la colonie elle-même les moyens de tirer parti de la pêche locale, comme élément de prospérité maritime ?

Telles sont les questions traitées dans ce chapitre.

On trouve en France des villages populeux dont les habitants exercent tous la même profession, celle de laboureur, par exemple; on trouve dans plusieurs quartiers de l'inscription maritime des bourgs qui ne sont peuplés que de marins. C'est que les uns et les autres sont à côté des villes où ils se procurent tous les objets nécessaires à leurs besoins et à leur bien-être.

Mais il ne pourrait en être ainsi sur un roc placé à plus de 800 lieues de la mère-patrie, et avec lequel les communications ne sont possibles que pendant six mois de l'année. C'est pourquoi, malgré le caractère tout maritime dont elles devaient rester empreintes, les îles Saint-Pierre et Miquelon ont dû compter dans leur population, même

---

1 J'ai dit, en terminant le premier chapitre, que l'industrie de la pêche n'offrait d'autres moyens d'existence qu'à un petit nombre d'habitants; c'est qu'en effet les 317 individus, de 14 à 60 ans, qui ne l'ont pas pratiquée en 1847, ne sont pas tous des industriels exerçant une autre profession. On compte, dans ce chiffre, des descendants, collatéraux, et ascendants de pêcheurs, les uns trop faibles encore pour naviguer, les autres privés des forces que demande l'exercice de ce métier pénible.

à la formation de la colonie, des boulangers, des bouchers, des marchands, des commis, des charpentiers, des menuisiers, des forgerons, des tailleurs, des cordonniers, des maçons, des voiliers, des calfats, des horlogers, des perruquiers, des manœuvres, des cabaretiers, enfin des ouvriers de toute profession, des industries de toute espèce.

Et si l'on considère que ces îles sont annuellement fréquentées par plus de 200 bâtiments français venant de France ou des colonies, montés par 4,000 hommes; par plus de 100 bâtiments étrangers, et environ 1,200 barques anglaises approvisionnant la colonie de hareng et capelan pour appât et de bois de chauffage, on concevra facilement que le nombre et le coefficient des professions industrielles étrangères à la pêche ont dû augmenter dans la même proportion que les relations avec l'extérieur.

Cette situation des îles Saint-Pierre et Miquelon était donc inévitable; et, s'il y a lieu de regretter que l'inscription maritime n'y ait pas été appliquée dès le principe, parce que, malgré le peu d'importance de cette ressource, il n'en est pour la France aucune à laisser de côté, et qu'il eût peut-être été facile alors d'encourager davantage la population à la pêche, en retour des services qu'elle aurait rendus à la patrie, on ne peut cependant se dispenser d'admettre qu'à moins de donner l'accès de ces îles à une grande population, ce que la nature de son sol et son espace resserré ne permettaient pas, le caractère maritime s'y annihilerait d'autant plus que la colonie serait plus fréquentée, c'est-à-dire qu'elle deviendrait le centre d'un plus grand commerce, le point de ralliement d'un plus grand nombre de bâtiments. Car la nécessité de restreindre la population, et l'obligation d'y souffrir des professions étrangères à la pêche, devaient avoir pour résultat naturel une grande diminution dans le personnel naviguant.

Cette remarque mérite attention, en ce qu'elle permet d'assigner à l'établissement de Saint-Pierre et Miquelon une grande importance commerciale, dont l'appréciation ne soit pas atténuée par le regret de n'avoir pu faire de cette colonie un établissement maritime en lui-même, c'est-à-dire le siége d'une population de pêcheurs contribuant, par leur industrie, à alimenter la navigation nationale et donnant des défenseurs au pays.

Ainsi, la situation présente est naturelle; elle est une suite des événements, de la nature de l'établissement, et rien ne pouvait l'arrêter. Cette attitude maritime qu'elle paraissait devoir prendre à l'origine, la colonie de Saint-Pierre et Miquelon ne l'a jamais prise dans toute l'acception du mot. Mais, en revanche, elle a conquis d'autres attributs.

Elle sert d'abri, de point de ravitaillement et d'approvisionnement de l'appât employé pour la pêche de la morue à 125 bâtiments pêcheurs, qui tous y relâchent deux fois par an, et plusieurs jusqu'à trois et quatre fois.

Elle centralise l'expédition de 12 à 15 millions de kilogrammes de morue sèche et verte, dont le transport est effectué par 54 bâtiments; quelques-uns même y font deux et trois voyages.

Elle est le port d'armement de 446 embarcations montées par près de 1,500 hommes, sur lesquels 1,200 appartiennent à l'inscription maritime ou sont entrés dans la voie qui mène à l'inscription.

Elle reçoit pour 3 millions de produits français et étrangers (1), et exporte pour une valeur de 5,300,000 fr.

Enfin, elle est le seul établissement que nous possédions dans l'Amérique du Nord, car nous n'avons qu'un simple droit d'usage sur des points déterminés de la côte de Terre-Neuve.

---

1 Les marchandises étrangères qui s'importent aux îles Saint-Pierre et Miquelon peuvent se classer en deux catégories :

Dans la pemière sont rangés

1º Les articles que les étrangers seuls peuvent importer, tels que les harengs et capelans pour boitte, le bois de chauffage, les bestiaux, etc.; ils sont exclusivement introduits par les Anglais de la côte de Terre-Neuve et du Cap-Breton ;

2º Les articles de première nécessité, tels que la farine, les bois de construction, les boucauts, etc., que la métropole n'a pas intérêt à fournir et qu'elle ne fournirait, d'ailleurs, qu'à des prix exorbitants. La valeur de ces produits réunis s'élève à près de 700,000 francs.

Dans la seconde catégorie sont rangées les marchandises qui, sans être de première nécessité, s'obtiennent à l'étranger à meilleur marché qu'en France. Elles sont, ainsi que les articles de première nécessité qui se tirent de l'étranger, importées par les Américains, à l'exception, quant à ceux-ci, du bois de construction qui vient le plus souvent de la Nouvelle-Écosse. Mais il faut dire que les Français ne les consomment pas en entier, et que la plus grande partie de ces marchandises est échangée contre l'appât, le bois de chauffage, les bestiaux, le bois de construction, etc., avec les Anglais qui ne recevraient pas les mêmes objets importés de France, plus chers et de qualité différente. Ces Anglais exportent aussi pour une valeur importante d'articles de première nécessité tirés de l'étranger.

Les négociants français trouvent de grands avantages dans ces échanges, car ils les dispensent de réunir sur les lieux une grande quantité de numéraire qui sortirait du pays pour ne plus y rentrer. En donnant, au contraire, des marchandises américaines aux Anglais en retour des articles dont ceux-ci ont l'importation exclusive, non-seulement ils n'ont pas de numéraire à débourser, mais encore ils n'en ont aucun besoin dans le pays, ces marchandises étant toujours soldées en traites sur France négociées quelquefois avec prime. Un autre avantage pour le commerce français peut encore être attaché à ces transactions comme excuse, s'il en était besoin, de l'admission dans la colonie de produits étrangers, c'est le bénéfice qu'il fait sur les objets d'échange.

Telle est la véritable importance des îles Saint-Pierre et Miquelon. Ces îles, avec leur sol de granit et leur apparence microscopique, ont, comme on le voit, une influence dont on saisit à peine les nombreuses ramifications, sur le recrutement de la flotte, le développement de la navigation nationale et l'industrie en général. Elles peuvent être mises, dans leur spécialité, au rang de la première de nos possessions d'outre-mer; et, jusqu'à ce que la fortune, qui nous a si longtemps été contraire, se décide enfin à laisser tomber sur nous quelques-unes de ses faveurs, elles contribueront beaucoup par leur position à l'extension du commerce maritime et à l'accroissement des forces navales du pays.

Mais, ce qu'il importait de dire, c'est que la population de la colonie n'exerce personnellement sur ces avantages aucune influence, car elle pêche à peine le chargement de quatre navires de 150 tonneaux; et, d'un autre côté, non-seulement elle est en partie à charge au Gouvernement, mais encore elle n'acquitte pas envers l'Etat la dette que tout citoyen doit à sa patrie.

Ces explications répondent par l'affirmative à la première des questions posées au commencement de ce chapitre, et aplanissent, pour la solution de la seconde, les difficultés que celle-ci, examinée séparément, aurait pu présenter.

Si la situation est naturelle, en effet, c'est qu'il n'y a aucun moyen de ramener plus complétement la population sédentaire à l'industrie de la pêche. On ne pourrait y parvenir que par l'admission d'un plus grand nombre d'habitants, et la population actuelle est plus que suffisante.

En cherchant, d'ailleurs, à accroître le nombre des pêcheurs sédentaires, on tendrait à augmenter la misère, puisque la pauvreté se rencontre surtout dans cette classe d'habitants.

Le remède à apporter à la position malheureuse des pêcheurs est une question très-importante, d'une solution difficile, sinon impossible; car, pour la décider, le Gouvernement n'a que cette alternative, ou de comprimer la liberté du commerce par la fixation irréfragable du prix auquel les fournisseurs recevront la morue en payement de leurs avances et du prix de vente des marchandises de première nécessité, ou d'abandonner une classe intéressante de travailleurs à leur entière discrétion, à moins, cependant, que l'on ne consente à faire un sacrifice au moyen duquel on concilierait tous les intérêts. Mais l'examen de cette question ne pourra trouver place qu'à la fin de ce Mémoire.

Ainsi, la population maritime des îles Saint-Pierre et Miquelon ne comporte aucun accroissement.

Maintenant, au sujet de ces deux cents et quelques habitants sédentaires qui se livrent à la pêche, on peut se demander s'il n'y aurait pas lieu de prendre une mesure qui les rendît plus dignes de l'intérêt du Gouvernement, en leur imposant les devoirs que tout Français doit être fier de remplir. Quelles seraient la forme et l'étendue de ces devoirs?

La forme? L'inscription maritime. Quant à l'étendue, il faut, je crois, distinguer.

La levée permanente ne comprenant que les marins âgés de 20 à 40 ans, la population sédentaire ne me paraît pas renfermer, dans l'état actuel des choses, des éléments de recrutement maritime suffisants pour motiver à son égard l'application, sans préparation et sans ménagements, des dispositions de la loi du 3 brumaire an IV, c'est-à-dire pour la comprendre toute, par mesure générale, dans l'inscription maritime.

J'ai dit précédemment qu'en fait de moyens propres à accroître le nombre des marins, il n'en était aucun à négliger. Cependant, de quelles difficultés ne serait pas accompagnée l'institution de la levée permanente dans un établissement dont la majeure partie de la population se croit de beaucoup au-dessus de la position de matelot, et dont la totalité a vécu jusqu'ici dans la pensée qu'elle ne serait jamais requise pour le service de l'Etat? Ces difficultés ne seraient-elles pas augmentées par la nécessité de pourvoir, pendant la durée du service, à la subsistance des familles des marins levés, lesquelles ne vivent, ainsi que je l'ai dit plus haut, que du travail du père ou des fils aînés? Elles pourraient n'être pas un obstacle pour une volonté ferme et bien arrêtée; mais elles n'en existeraient pas moins, et il y a lieu de les constater.

S'il avait été possible de composer la colonie avec des éléments autres que ceux qui sont entrés dans sa formation, avec des pêcheurs préalablement avertis de leurs obligations, l'application de la levée permanente y aurait été, je crois, d'une exécution facile; aujourd'hui, je suis profondément convaincu qu'elle y rencontrerait beaucoup plus d'entraves qu'elle n'offrirait d'avantages.

Pour comprendre les pêcheurs sédentaires des îles Saint-Pierre et Miquelon dans l'inscription maritime, il faudrait, d'ailleurs, prendre une mesure analogue à celle que fit édicter l'auteur de l'institution des classes sous Louis XIV. Or, nous ne sommes plus au temps où les lois puissent avoir un effet rétroactif, et une telle mesure ne se justifierait pas, non plus, par les motifs d'intérêt général qui firent rendre l'édit de 1673.

Ainsi, selon moi, les pêcheurs de la colonie ne devraient pas être compris dans l'inscription maritime par mesure générale atteignant les plus jeunes comme les plus âgés.

Cependant, une population pour laquelle la métropole a fait tant de sacrifices ne peut continuer à s'affranchir de la dette au pays, et je crois qu'il serait juste et équitable de la soumettre, sans effet rétroactif toutefois, aux dispositions de la loi du 3 brumaire an IV, c'est-à-dire que les jeunes gens âgés de 18 ans, ayant fait un certain temps de pêche et persistant, seraient, après la promulgatoin de la loi, inscrits comme matelots et levés selon les règles de la levée permanente. On pourrait en même temps déterminer les obligations des citoyens qui exerceraient une autre profession, en ce qui concerne le recrutement ordinaire, car on ne peut considérer comme l'équivalent d'un service militaire l'inscription sur les contrôles de la milice dans un pays où la résistance est impossible.

Telle est la seule modification qui me paraisse devoir être apportée au caractère de l'établissement considéré en lui-même. L'industrie de la pêche ne pouvant y recevoir d'extension parmi les habitants, il n'est pas utile de détourner le cours des choses, il faut seulement le mieux diriger pour l'avenir.

Mais alors, quel parti tirer de la pêche locale, de ces fonds, de ces bancs si poissonneux qui avoisinent ces îles?

Je pourrais dire que ce Mémoire n'a été entrepris que dans le but de résoudre cette dernière et importante question. Je demande qu'on veuille bien me suivre dans la série de raisonnements qu'il me faudra faire pour remplir la tâche que je me suis imposée; car c'est seulement en pénétrant dans le cœur des choses, en examinant séparément chacune des parties qui constituent la machine, qu'il est possible de s'en former une idée exacte, et de bien comprendre l'usage auquel on peut l'employer.

CHAPITRE III.

Moyens d'exploitation de la pêche locale (Personnel).

M. M**, *gérant. Il est bon d'expliquer au conseil la voie dans laquelle entre aujourd'hui le commerce de la colonie.*

Autrefois les maisons métropolitaines qui ont ici des établissements ne faisaient aucun armement dans la localité ; ces armements étaient exclusivement laissés aux habitants du pays et composés d'hommes auxquels les maisons de commerce fournissaient les objets nécessaires à la pêche, sans avoir sur eux aucune action directe. Mais, depuis quelques années, toutes ces maisons ont armé elles-mêmes des goëlettes dans la colonie, et les ont montées avec des hommes engagés en France à cet effet. Il en est résulté moins d'empressement à s'assurer, par la remise de livrets, des produits de pêche des marins établis dans le pays ; et comme, d'un autre côté, plusieurs petits marchands, venus successivement dans ces îles, ont fait baisser de beaucoup le prix des fournitures, dont le taux assez élevé pouvait seul compenser les mauvaises pêches ou le mauvais vouloir de certains fournis, il s'ensuit qu'il y a aujourd'hui tendance à renoncer à la fourniture, et à n'avoir plus pour les armements locaux que des hommes engagés en France. Si l'on considère aussi la marche descendante (1) *que suivent les affaires du pays depuis quelques années, on comprendra les répugnances des négociants à courir les chances le plus souvent certaines de non remboursement.*

M. M**, *gérant. La tendance signalée par* M. M* *est une chose avérée ; et, bien que sa maison et la mienne aient conservé une grande partie de leurs fournis, il est un fait certain, c'est que la fourniture ne présente plus assez de chances favorables pour qu'elle puisse être continuée. En faisant pêcher par des engagés pris en France, nous gagnerons davantage et nous exposerons moins. D'un autre côté, le Gouvernement ne peut voir que d'un œil favorable cette transformation qui garantit une bonne discipline parmi les pêcheurs, et qui assure à l'inscription maritime des matelots plus*

---

1 On fait ici allusion à l'encombrement des marchés où sont portés les produits de pêche et au peu de profits que rapporte, en conséquence, la vente de la morue.

*aguerris et plus exempts de ces vices que contracte ici cette partie
de la population connue sous le nom d'*hivernants.
(Extrait d'un procès-verbal d'une séance du conseil d'administration, à la date du 16 novembre 1846.) (1)

L'importance de la pêche locale est nettement articulée dans ces paroles officielles. On y voit, en effet, que les pêcheurs sédentaires et hivernants ne présentent plus les garanties suffisantes pour assurer aux négociants de la colonie les bénéfices qu'ils se croyaient en droit d'attendre de la fourniture, ceux-ci avaient déjà apporté des restrictions à ce genre de commerce, et suppléaient au vide que son extinction progressive laissait dans leurs opérations par des armements locaux, non plus composés d'hommes pris sur les lieux, mais de marins valides engagés en France.

Quelles sont les conséquences de cette transformation? il y en a deux bien distinctes :

La première est une dénonciation de la décadence de la pêche locale exploitée par les habitants, et vient confirmer à propos tout ce que j'ai dit à cet égard dans les deux chapitres précédents.

La seconde, et c'est la plus importante, efface tous les regrets du passé en promettant pour l'avenir à l'inscription maritime les ressources qu'elle n'a pas trouvées dans la population sédentaire ; car on verra plus loin combien les marins engagés en France pour l'exploitation de la pêche locale doivent exercer d'influence sur l'augmentation du personnel inscrit.

Notre pêche à la baie de Saint-Georges et sur les autres points du golfe Saint-Laurent, réservés aux habitants des îles Saint-Pierre et Miquelon, est devenue très-précaire par suite de la compétition des Anglais. Cette compétition est elle-même une raison puissante de suspecter de fraude une partie des produits qui proviennent d'un tel établissement, et de ne lui accorder, en conséquence, qu'un intérêt secondaire. Si donc la France tient à exercer, dans ces parages, les droits que lui confère la déclaration du roi de la Grande-Bretagne, annexée au traité de paix du 3 septembre 1783, il est aujourd'hui de la plus grande urgence qu'elle provoque auprès du gouvernement anglais les mesures promises dans cette déclaration (2). Mais, j'ad-

---

¹ Cette séance avait eu lieu à l'occasion du renvoi en France de plusieurs individus qui ne pouvaient justifier de leurs moyens d'existence.

² « .... S. M. B. prendra les mesures les plus positives pour que ses sujets
« ne troublent en aucune manière, par leur concurrence, la pêche des Français
« pendant l'exercice temporaire qui leur est accordé sur les côtes de l'île de Terre-
« Neuve ; et elle fera retirer les établissements sédentaires qui y sont formés. »

mets pour un instant que les difficultés à rencontrer dans une semblable négociation ne puissent être surmontées à notre entière satisfaction ; on a vu, par le tableau n° 1, que la pêche du golfe a subi, depuis quelques années, un décroissement considérable en même temps que les armements locaux ont pris plus d'extension, et il est aisé de conclure alors que la privation même du droit de l'exercer ne serait pas une grande perte, et que les autres expéditions qui peuvent être centralisées aux îles Saint-Pierre et Miquelon n'en seraient pas moins susceptibles du plus grand accroissement.

Il nous resterait, en effet, les alentours des îles où se pêche une espèce de morue petite, il est vrai, mais fort estimée dans certains pays ; ce qui permet aux armateurs de varier leurs exportations, suivant le goût des consommateurs, en *grand* et *petit poisson* ;

Le banc de Saint-Pierre, qui renferme la plus grande morue que l'on connaisse, et dont les Antilles commencent à apprécier la qualité ;

Enfin le grand banc de Terre-Neuve, source inépuisable de richesses.

Le banc de Saint-Pierre et le banc de Terre-Neuve sont, sans contredit, les lieux les plus favorables à la pêche et ceux que le Gouvernement doit surtout avoir pour objet en dispensant les encouragements qu'il accorde aux expéditions maritimes. Ici, en effet, on ne pêche plus, comme autour des îles Saint-Pierre et Miquelon et à la baie de Saint-Georges, à un mille de la côte, dans de frêles embarcations manœuvrées le plus souvent à la rame, mais sur des bateaux et goëlettes jaugeant depuis 15 jusqu'à 100 tonneaux, naviguant en pleine mer et ne rentrant au port que lorsqu'ils ont complété leur chargement, après quelquefois soixante jours de voyage. Les hommes s'aguerrissent à ce métier, ils deviennent marins ; et quand ils s'offrent ensuite aux regards des officiers de marine, c'est sous une autre apparence que celle du *peltat*, dénomination si souvent prodiguée, à juste titre, aux pêcheurs en bateaux et à cette autre classe d'inscrits désignée sous le nom de graviers.

Mais la pêche du banc de Saint-Pierre et du grand banc ne peut se faire exclusivement, malgré les profits qu'elle laisse entrevoir, au moyen de bâtiments armés en France. La cherté des armements et l'obligation d'atteindre le minimum d'équipage auquel seraient assujettis ces bâtiments pour avoir droit à la prime, opposent un obstacle insurmontable à des expéditions de ce genre faites sur une grande échelle. Comment donc est-il possible d'exploiter ces bancs si féconds sans recourir aux immenses capitaux dont il faudrait disposer pour armer des bâtiments en France ?

C'est ici qu'il y a lieu de remarquer combien le commerce est ingénieux à saisir tous les biais qui peuvent mener à bien ses entreprises, et de conclure que, si son intérêt le porte à chercher les moyens de faire fortune, une administration intelligente doit savoir mettre à profit ses tendances en les dirigeant dans le sens le plus favorable à l'utilité publique.

Que voyons-nous, en effet, dans les seules paroles plus haut reproduites et prononcées par deux négociants appelés au conseil? Nous y voyons qu'en cessant de faire la fourniture dans les mêmes proportions que par le passé, ils ont eu recours à un autre mode d'exploitation de la pêche locale, et qu'ils ont déjà commencé à l'exploiter avec de nouveaux éléments, avec des marins engagés en France.

Que sont ces engagés? Comment les armateurs ont-ils été conduits à les substituer à leurs anciens fournis? Il ne sera peut-être pas sans intérêt de donner à cet égard quelques éclaircissements.

L'ordonnance du 25 février 1842, sur les primes accordées à la pêche de la morue, est le premier acte qui ait étendu aux bâtiments expédiés pour faire pêche et sécherie à Saint-Pierre et Miquelon l'obligation d'un minimum d'équipage imposé aux armements pour les côtes de Terre-Neuve par l'ordonnance du 7 décembre 1829, et aux armements pour la pêche sur le grand banc et sécherie à Saint-Pierre et Miquelon par la loi du 9 juillet 1836.

Antérieurement à 1837 et 1842, les armateurs qui ont des établissements dans cette colonie n'avaient donc pas grand avantage à enfler le chiffre de leur personnel embarqué; car si, pour tout homme figurant au rôle comme faisant partie de l'équipage, ils avaient droit à la prime d'armement, la quotité de cette prime n'était qu'une très-faible compensation des obligations de toute espèce qui naissaient pour eux du fait de l'embarquement, *à titre de matelots*, c'est-à-dire avec jouissance de tous les priviléges attachés à cette position, de gens qui n'avaient par le fait aucune fonction à bord de leurs bâtiments.

Mais, quand une fois un minimum d'équipage a dû être prescrit, il ne fut plus possible de revendiquer la prime (art. 1er de l'ordonnance du 26 avril 1833) sans justifier de l'embarquement du nombre d'hommes déterminé. De là, des individus embarqués comme mousses, novices et matelots, et n'étant en réalité que des passagers; de là, ces *marins engagés en France* pour la pêche locale, lorsque des restrictions ont été apportées aux opérations de fourniture.

Ce mode d'exécution de la loi n'avait jamais, je crois, été dénoncé aussi péremptoirement que je viens de le faire. Je ne dois donc pas me borner à l'indiquer, et il devient pour moi obligatoire de le discuter avec soin ; car je ne me dissimule pas tout le danger qu'il peut y avoir à livrer sans explication un fait qui, comme celui-ci, présente un côté défavorable, quand je suis profondément convaincu que non seulement il n'y a pas là fraude, contravention à la loi, mais, bien plus, qu'en agissant ainsi, les armateurs atteignent aussi directement qu'il était permis au législateur de le désirer le but de la prime sur la pêche de la morue.

Le minimum d'équipage est-il trop élevé? Je ne le pense pas. La loi ne saurait justifier ses encouragements qu'en imposant aux armateurs la condition d'avoir sur leurs navires un nombre d'hommes qui augmente, dans une proportion raisonnable, le personnel de l'inscription maritime. Cependant, en se plaçant à côté des faits, on ne peut se refuser à reconnaître qu'à certaines époques de la campagne, tous les marins qui sont entrés dans la composition de ce minimum ne sont pas d'une grande utilité pour le service du bâtiment auquel ils appartiennent, au printemps surtout, alors qu'il n'y a pas de morue à confectionner. Les armateurs, dans ce cas, ne pouvaient donc mieux faire (et ils ont d'ailleurs accompli en cela de la meilleure manière ce que l'on attendait de leurs spéculations), que d'employer à la pêche des îles ou des bancs, au lieu de la garder à terre où sa présence était inutile, la portion de leur personnel qui, étant entrée dans la composition de l'effectif réglementaire de leurs bâtiments, ne pouvait suivre le navire sur le banc de Terre-Neuve, où l'on ne pêche qu'avec la moitié environ du minimum exigé (1).

C'est ainsi que se sont passées les choses à l'origine; et, jusque-là, il n'y avait aucune apparence de fraude, car ces marins supplémentaires pouvaient tout aussi bien être considérés comme ne cessant pas d'appartenir à l'équipage de leur bâtiment que les simples graviers dont la fonction est encore bien moins maritime. Aussi, n'est-il entré dans l'idée de personne de voir une contravention dans le fait

---

1 La moyenne du nombre des marins qui suivent le navire sur le banc de Terre-Neuve est de 20 hommes pour un bâtiment de 150 tonneaux. Je n'examinerai pas ici la question de savoir s'il pourrait en être embarqué davantage ; ce serait sortir des limites que je me suis tracées. Quant à présent, je dirai qu'il résulterait de l'embarquement d'un plus grand nombre d'hommes sur les bâtiments pêcheurs, pour l'armateur, de plus grandes dépenses, pour les matelots une diminution de gages ; c'est-à-dire que la quantité de produits ne serait pas en raison directe du nombre des pêcheurs. Quoi qu'il en soit, le minimum fixé au départ de France pourrait, je crois, être modifié, en établissant plus de catégories dans le tonnage et, par conséquent, dans le nombre d'hommes à embarquer; mais il n'y a pas lieu de le diminuer. Il serait bien à désirer aussi que la pêche du banc fût enfin réglementée, car il y a de puissantes raisons pour ne pas ajourner plus longtemps l'étude de cette matière importante.

de l'embarquement, à titre de mousses, novices et matelots, d'individus destinés à la pêche locale, lorsque ces marins ont dû être directement employés par les armateurs de leur bâtiment. Ce mode d'opérer n'est devenu sensible que lorsque cette position a été faite à des gens qui, une fois arrivés à Saint-Pierre, étaient laissés libres de leurs engagements, c'est-à-dire lorsque la prime a été demandée pour de véritables passagers, en couvrant cette irrégularité au moyen de l'inscription sur les rôles d'armement, avec qualité à bord du navire, de tous les passagers qui consentaient à s'embarquer de cette manière.

Une telle pratique, dont on voit aujourd'hui beaucoup plus d'exemples que par le passé, a-t-elle des inconvénients? N'est-elle pas plutôt très-avantageuse?

Examinons.

Bien que les armateurs aient été obligés de recourir à la pêche locale pour trouver l'emploi du minimum d'équipage auquel leurs bâtiments sont assujettis, il y a dans les ports de Granville, Saint-Malo et Bayonne, plus de pêcheurs qu'il n'en faut, avec les armements actuels, pour compléter l'effectif d'équipage que la loi détermine, et beaucoup d'entre eux resteraient sans emploi s'ils ne trouvaient les moyens de venir faire la pêche aux îles Saint-Pierre et Miquelon; car, je le répète, les armements sont trop coûteux pour être augmentés dans une grande proportion. Ce n'est que progressivement et lorsque les affaires de la campagne écoulée ont rapporté des bénéfices, que nos armateurs, dont la majeure partie ne possède pas de grandes fortunes, étendent le cercle de leurs opérations.

Les moyens que cherchent les pêcheurs sans emploi de venir faire la pêche aux îles Saint-Pierre et Miquelon leur sont offerts par les armateurs de deux manières :

1° En les employant directement à leurs gages, ainsi que cela vient d'être dit;

2° Pour ceux qui ne veulent pas servir à gages ou qui ne trouvent pas à s'engager à ces conditions, mais qui, cependant, présentent certaines garanties,

En les faisant porter, à un salaire fictif, sur les rôles, comme membres de l'équipage, en exigeant d'eux le prix des passages d'aller et de retour, et les laissant libres de leurs engagements à leur arrivée dans la colonie.

Presque toujours, les pêcheurs ainsi placés reçoivent des avances de l'armateur, soit au départ pour nourrir leurs familles pendant la campagne, soit à l'arrivée sur les lieux de pêche pour se procurer les ustensiles nécessaires à l'exercice de leur profession, à la charge par eux de lui remettre leurs produits jusqu'à due concurrence, ou même, en totalité, suivant qu'il y a eu convention pour l'achat du surplus à un prix déterminé. C'est au moyen des avances qui leur sont ainsi faites que ces pêcheurs peuvent venir aux îles Saint-Pierre et Miquelon exercer leur profession, et c'est au moyen du prix des passages d'aller et de retour, du bénéfice qu'il fait sur les marchandises avancées, et de la *prime*, que l'armateur peut se charger d'un homme qui n'a rien, et qui ne lui offre d'autre garantie que celle de sa force ou de son habileté à la pêche.

Si, dans le premier cas, c'est-à-dire lorsque les hommes ne cessent pas d'appartenir à l'armement pour lequel ils ont loué leurs services, on ne doit pas considérer les marins détachés comme des passagers, il est, jusqu'à un certain point, permis de voir, dans le second, une contravention à l'ordonnance de 1833, qui exclut du droit à la prime les passagers inscrits ou non inscrits.

Voyons donc quels ont été les motifs de cette ordonnance :

1° En ce qui concerne les passagers non inscrits, leurs traversées ne comptant pas comme navigation, et la pêche qui se fait dans cette colonie n'étant pas toujours considérée comme *grande pêche* (1), pour eux l'inscription est beaucoup trop éloignée, et ce serait manquer le but de la prime que de la leur accorder ;

2° A l'égard des passagers inscrits, le motif ne pouvait être le même, car ils appartiennent déjà à l'inscription ; mais leur exclusion du droit à la prime s'explique, aussi clairement que celle des passagers non inscrits, par l'objet même des encouragements accordés à la pêche de la morue.

En effet, la loi des primes a aussi bien pour objet de donner de l'emploi aux matelots déjà formés, aux inscrits, que d'encourager à en former de nouveaux. Or, sous ce rapport, c'est à bon droit qu'elle en a refusé la concession aux passagers inscrits ; car ils n'ont pas besoin de primes qui favorisent leurs engagements dès qu'ils trouvent les moyens de se rendre aux îles Saint-Pierre et Miquelon, soit pour y faire la pêche à leur compte, soit pour s'y engager à des conditions que, pour des motifs qu'il est inutile de rechercher, ils ont jugées meilleures que celles qu'ils auraient obtenues en s'embarquant en France.

Mais les marins considérés comme membres de l'équipage, et qui ne sont *en fait* que des passagers, sont dans une position

---

1 Voir la décision du 16 avril 1849. (*Bulletin officiel de la Marine.—1849.*)

bien différente. On peut dire, en effet, quant aux non inscrits, que pour eux le classement n'est pas trop éloigné du moment que, par suite de leur position sur le rôle d'équipage, ce classement résulte de deux campagnes. Quant aux inscrits, ils ont besoin d'une prime qui favorise leurs engagements, puisque, sans les avances que leur font les armateurs, ils ne pourraient se rendre aux îles Saint-Pierre et Miquelon pour y faire la pêche à leur compte, ou s'y engager sur les goëlettes et bateaux armés dans la colonie. Or, les armateurs ne leur feraient pas d'avances si, d'abord, ils ne touchaient pour eux la prime d'armement, et si ces hommes, que leur inscription au rôle, comme faisant partie de l'équipage, place sous l'autorité immédiate de leurs capitaines, ne leur devaient une plus grande soumission, et ne répondaient de ces avances par un travail personnel exigible pendant toute la durée de la campagne, ce qui ne pourrait être demandé aux passagers ordinaires.

Ainsi, ce qui, de prime abord, paraît une fraude, abonde, au contraire, dans le sens de la loi, qui veut des marins, et entre, d'un autre côté, dans les vues de l'administration, dont le devoir est de veiller à ce que les gens de mer trouvent dans l'exercice de leur profession des ressources qui puissent les y attacher.

La question n'est cependant pas épuisée; d'autres raisons puissantes justifient un état de choses né de lui-même, sous une forme dont la légalité pouvait paraître contestable, il est vrai, mais qui vient occuper la première place sur la ligne des considérations qui ont de tout temps été la base des encouragements accordés à la pêche de la morue.

La pêche locale, exclusivement exploitée autrefois par les habitants sédentaires, par des pêcheurs venus de France comme passagers et connus sous le nom de *consortés*, ne se pratiquait que dans le golfe Saint-Laurent et autour des deux îles. On ignorait alors que les fonds du banc de Saint-Pierre fussent aussi poissonneux, ou, du moins, s'il n'était pas inconnu, ce genre de navigation était redouté des pêcheurs. Aujourd'hui, non-seulement les bateaux de la plus petite dimension font la pêche sur le banc de Saint-Pierre, mais on voit même des goëlettes de 20 tonneaux sur le grand banc de Terre-Neuve pendant les mois de juin, juillet et août.

En 1847, on a compté 74 bateaux pontés et goëlettes, montés par 668 hommes, armés dans la colonie pour la pêche dans ces parages. Ces 668 hommes appartenaient pour les trois quarts au moins à la classe des marins dont je viens de discuter la position, et étaient ou des pêcheurs aux gages de l'armateur, pour une très-faible partie, ou, pour le surplus, des pêcheurs figurant fictivement sur les rôles d'équipage des navires armés en France, afin d'atteindre le minimum légal, mais en réalité des passagers.

La pêche des bancs subirait donc un décroissement considérable, s'il n'était plus permis à ces derniers pêcheurs, que j'appellerai pour abréger *passagers matelots*, de se rendre aux îles Saint-Pierre et Miquelon en la forme indiquée, condition indispensable, ainsi que je l'ai démontré, pour qu'ils puissent obtenir leur passage et même ce qui leur est nécessaire pour entreprendre la pêche.

Comment armerait-on, en effet, les 74 bateaux pontés et goëlettes employés à la pêche des bancs, et qui comportent près de 700 hommes d'équipage?

Avec les habitants sédentaires?

Mais il n'y en a que 200 qui se livrent à la pêche, et dans ce nombre on en trouverait à peine la moitié qui fût propre à ce genre de navigation.

Avec les hivernants (1)?

Mais ce n'est pas la classe de marins qui convienne à cette pêche. Et d'ailleurs, l'administration de la colonie a de justes motifs pour en diminuer le nombre, parce qu'il est très-difficile de les lever quand une fois ils s'y sont établis, et qu'ils s'y perdent dans la débauche, conséquence inévitable de la rigueur du climat et d'une oisiveté de six mois.

Avec des passagers véritables?

Mais ils n'y suffiraient pas, puisqu'il a été établi que, pour venir aux îles Saint-Pierre et Miquelon comme simple passager, il fallait se trouver dans une position aisée, afin de n'avoir pas d'avances à demander, et on voit malheureusement peu de pêcheurs dans ce cas. Le nombre des passagers diminue, au reste, de jour en jour.

A cela on peut ajouter que cette classe de pêcheurs est généralement composée de gens âgés, préférant faire la pêche à leur compte près des terres que d'embarquer en qualité de matelots sur des bâtiments qui tiennent la haute mer.

La classe des *passagers-matelots* est donc indispensable à l'exploitation de la pêche, dont les îles Saint-Pierre et Miquelon sont le point de départ et d'arrivée.

Cette position est la plus avantageuse que puissent avoir les pê-

---

1 La dénomination d'*hivernants* a été donnée autrefois aux pêcheurs consortés qui ne retournaient pas en France de la fin de la campagne. Elle est adoptée aujourd'hui pour tous les marins inscrits en France, qui passent l'hiver dans la colonie.

cheurs qui ne trouvent point à faire partie de l'équipage normal des bâtiments armés en France.

Et si elle n'existait pas, non-seulement la pêche locale serait anéantie, mais encore les armements de la métropole subiraient une diminution notable ; car on a vu que si le minimum d'équipage est une suite de la loi des primes, les armateurs n'en trouvent pas toujours personnellement l'emploi.

Ainsi, au lieu de les réprouver, il faut, au contraire, encourager ces sortes de transactions.

Qu'arriverait-il, en effet, si les armateurs étaient recherchés pour cette prétendue irrégularité ?

De deux choses l'une :

Ou la pêche locale et même celle qui prend son point de départ en France diminueraient considérablement ;

Ou bien, si les armateurs n'apportaient aucune réduction à leurs armements d'Europe, et s'ils se décidaient, soit pour trouver l'emploi du minimum d'équipage de ces armements, soit parce que la pêche locale est une ressource très-importante, à l'exploiter directement sur une plus grande échelle qu'ils ne l'exploitent aujourd'hui, il y aurait à craindre qu'en se réservant le monopole des armements locaux, les marins engagés à cet effet ne fussent enchaînés plus étroitement, et ne subissent, en conséquence, une grande diminution dans leurs salaires.

Dans le premier cas, misère parmi la population des ports d'armement pour la pêche de la morue ;

Dans le second, conditions d'engagement moins avantageuses pour les pêcheurs, misère encore ;

Dans les deux cas, dégoût des professions maritimes.

Or, on a vu que l'Etat gagnait au mode d'embarquement des *passagers-matelots* :

1° Des marins inscrits après un temps de navigation beaucoup plus court que s'ils étaient des passagers véritables ;

2° Des marins qui seraient perdus pour la flotte s'ils ne trouvaient pas à s'engager de cette manière, puisque la position de simple passager ne peut être prise que par les gens aisés.

L'administration de la colonie y gagne, de son côté :

1° Une bonne discipline parmi les pêcheurs par suite de leur inscription sur les rôles d'équipage, ces pêcheurs restant sous l'autorité immédiate des capitaines, et pouvant être punis par application des dispositions du règlement spécial du 11 juillet 1759 ;

2° Des garanties à exercer contre l'armateur pour tous les frais d'hôpital, de rapatriement et autres auxquels peuvent donner lieu les pêcheurs, garanties contestables lorsque ces pêcheurs sont purement passagers.

Ainsi, disons-le une fois de plus, l'institution des *passagers-matelots* est non-seulement un mode d'exécution licite de la loi, mais encore elle donne les moyens de réparer ce qu'il y a de regrettable dans les trente années qui viennent de s'écouler, en promettant pour la pêche locale, précieuse branche d'industrie, des marins valides payant leur dette au pays et n'étant pas, comme les habitants sédentaires, à charge au Gouvernement, puisqu'ils sont légalement cautionnés par les armateurs pendant le court séjour qu'ils font dans la colonie, et qu'ils retournent en France à la fin de la campagne. L'avenir de la pêche locale est tout entier dans cette institution, et loin de la désavouer, il serait plutôt à désirer que tous les pêcheurs qui se rendent annuellement aux îles Saint-Pierre et Miquelon fussent portés sur les rôles en qualité de *passagers-matelots*. L'Etat trouverait dans les avantages de cette position une large compensation de la prime payée à l'armateur.

Je regrette de m'être étendu aussi longuement sur ce sujet; mais il m'a semblé qu'en soumettant l'appréciation d'un fait, ce qu'il importait surtout, c'était qu'on fût parfaitement en mesure de l'examiner, de la discuter sur tous les points.

Or, il n'y a que l'homme pratique qui puisse présenter tous les avantages d'un état de choses existant ou de matières à régler, et en prévoir aussi tous les inconvénients. C'est donc à lui, et sauf à être redressé, à ne rien omettre quand l'intérêt du service le porte à présenter de nouvelles vues sur des questions de sa spécialité. Telles sont les obligations que je me suis imposées ; et, sous ce rapport, j'ai plutôt la crainte d'avoir commis une omission que d'avoir été trop prodigue de recherches et de réflexions.

Je viens de faire connaître les principaux éléments d'exploitation de la pêche locale, au point de vue du personnel : *Des marins inscrits résidant en France*. Je compléterai l'énumération de ces éléments dans le chapitre suivant, qui traitera aussi du matériel de cette pêche et de l'extension qu'il est possible de lui assigner.

CHAPITRE IV.

Moyens d'exploitation de la pêche locale (Matériel).—Extension qu'il est permis de lui assigner.

On comptait, dans les 446 embarcations de toute espèce qui ont été armées en 1847 aux îles Saint-Pierre et Miquelon,

97 *bateaux pontés et goëlettes, montés par 774 hommes,*
349 *embarcations de moindre dimension, montées par 703 hommes.*
___
446

Sur les 97 bateaux pontés et goëlettes,
74 *ont été armés spécialement pour la pêche du banc de Saint-Pierre et celle du Grand-Banc,*
13 *pour la pêche mixte du banc de Saint-Pierre et du Golfe,*
10 *pour la pêche du Golfe.*
___
97

Les 349 embarcations de moindre dimension ont été employées, savoir :
287 *à la pêche sur les fonds qui avoisinent les îles,*
62 *à celle du Golfe.*
___
349

Sur 97 bateaux pontés et goëlettes,
51 *appartenaient aux habitants sédentaires,*
39 *aux armateurs ayant établissement fixe dans le pays,*
7 *à des marins domiciliés en France.*
___
97

Les embarcations de moindre dimension appartenaient en totalité à leurs patrons, habitants sédentaires, hivernants, passagers ordinaires et passagers-matelots.

On a vu dans le cours de ce Mémoire :
Que la pêche locale a compté 1,477 pêcheurs en 1847, sur lesquels

3

213 habitants sédentaires, 371 hivernants, 306 simples passagers et 587 *passagers-matelots ;*

Qu'en 1838, époque après laquelle on a commencé à expédier des bateaux pontés et des goëlettes pour le banc de Saint-Pierre et le grand banc de Terre-Neuve, la pêche locale n'avait compté que 957 pêcheurs, sur lesquels 219 habitants sédentaires, 379 hivernants et 359 passagers ordinaires ;

Que, conséquemment, la classe des *passagers-matelots* était alors inconnue ;

Que le personnel exploitant la pêche locale s'est ainsi accru, dans l'espace de neuf années, du chiffre de 520 hommes ;

Qu'en posant des limites à leurs opérations de fourniture, les armateurs n'avaient pas négligé d'exploiter la pêche locale, et qu'ils y avaient employé la portion du minimum des équipages de leurs bâtiments d'Europe qui ne leur était pas utile pour le service de ces bâtiments ;

Que, plus tard, ils avaient ouvert leurs rôles d'équipage à des marins qui, sans avoir à bord de leurs navires d'autre position que celle de passagers, donnaient cependant lieu à la revendication de la prime, et étaient destinés à monter les bâtiments attachés à la colonie ;

Que ce mode d'embarquement était en même temps avantageux à l'État, aux armateurs et à la population maritime.

Que c'était, en effet, le moyen le plus efficace d'attirer des pêcheurs aux îles Saint-Pierre et Miquelon.

Telle est, avec les remarques explicatives de l'amélioration qui s'est introduite, la composition actuelle du personnel employé à la pêche locale, c'est-à-dire à la pêche dont ces îles sont le point central d'expédition ; savoir :

Près de 1,500 pêcheurs, dans le nombre desquels les habitants sédentaires entrent à raison de 14 sur 100, les hivernants et les passagers à raison de 46 sur 100, les passagers-matelots à raison de 40 sur 100.

En d'autres termes, cette pêche est à peu près dans le domaine exclusif des marins inscrits, et c'est là ce qu'il importait de constater, car, s'il en était autrement, l'établissement de Saint-Pierre et Miquelon ne pourrait être par lui-même que d'un intérêt secondaire.

Voyons maintenant les ressources matérielles dont on dispose pour l'exploitation de la pêche locale.

Autrefois, il y avait peu de goëlettes et bateaux pontés armés dans la colonie (1). En 1816, on n'en comptait pas plus de deux ou trois; et si, plus tard, le chiffre s'en est augmenté, il n'a pas dépassé les besoins des armements pour le Golfe, lesquels n'en comportaient pas un grand nombre. Ce chiffre ne s'est véritablement accru dans une forte proportion que vers 1840, époque à laquelle on a commencé à faire des expéditions pour le banc de Saint-Pierre et le grand banc de Terre-Neuve.

Avant 1840, les goëlettes et bateaux que l'on employait à la pêche étaient en grande partie construits dans le pays par les habitants eux-mêmes, qui, pendant la saison où toute navigation est interdite, de la fin d'octobre au commencement d'avril, utilisaient ainsi leurs six mois d'hiver. Mais, lorsque s'est ouverte la voie des bancs de Saint-Pierre et de Terre-Neuve, quand armateurs et habitants se sont, pour ainsi dire, précipités sur ces lieux de pêche, la construction française ne put suffire à tant d'armements, et il devint indispensable de recourir à l'achat, sur une plus large base que dans les temps antérieurs, de goëlettes américaines ou anglaises.

Ces sortes d'achats, et même l'emploi de bâtiments étrangers, n'étaient autorisés par aucun règlement local, et l'administration maritime proprement dite intervenait seule dans l'expédition de ces bâtiments. On ne délivrait pas non plus aux goëlettes et bateaux pontés de construction française d'autres papiers de bord que des rôles d'équipage. Ce fut en 1843 seulement, qu'un arrêté du 17 juillet, rendu en conformité d'une dépêche spéciale à la colonie du 28 mars de la même année et d'une circulaire du 29 juin 1833, prescrivit la délivrance d'actes de francisation et de congés, et régla le mode de concession de ces actes, soit purement et simplement pour les bâtiments construits dans la localité, soit exceptionnellement pour les navires étrangers.

Dans l'état actuel de la législation, la francisation pure et simple est accordée, quel que soit le tonnage des bâtiments, sur la production des pièces exigées en France pour justifier de la construction française; et, quant à la francisation exceptionnelle, le commissaire de la République, en conseil d'administration, prononce définitivement sur celle des navires étrangers au-dessous de 60 tonneaux, et ne doit prendre que des dispositions provisoires, et sauf l'approbation du Ministre, à l'égard des francisations exceptionnelles demandées pour ceux d'un tonnage plus élevé.

---

1 Je m'occuperai séparément des goëlettes et bateaux pontés, parce que ces bâtiments, faisant pêche sur les bancs, ont une importance bien plus grande, au point de vue de l'inscription maritime, que les autres embarcations affectées à la pêche locale.

Les goëlettes et bateaux pontés construits sur les lieux jouissent naturellement de tous les priviléges attachés à la nationalité française. Quant aux bâtiments francisés exceptionnellement, ils n'ont droit à ces priviléges que dans la navigation qui se fait depuis le 40e jusqu'au 53e degré de latitude Nord, et depuis le 51e jusqu'au 77e degré de longitude Ouest, lignes de circonvolution des parages où se pratique la pêche de la morue.

C'est au moyen de ces facilités que toutes les classes de propriétaires de bateaux pontés et goëlettes, habitants sédentaires, armateurs et marins domiciliés en France, se les procurent à bon marché, et qu'ils peuvent donner de l'emploi à près de 800 hommes, comme il est facile de s'en convaincre par le relevé placé en tête de ce chapitre.

Il résulte aussi de ce relevé que les habitants sédentaires sont propriétaires, pour plus de moitié, des bâtiments immatriculés dans la colonie; et il y a lieu de remarquer ici que si la population de ces îles ne se livre pas personnellement à la navigation autant qu'elle paraissait devoir le faire en 1816, elle exerce au moins sur la pêche locale une grande influence, puisqu'elle y occupe, seulement dans les armements de goëlettes et bateaux pontés, plus de la moitié des équipages qui montent ces bâtiments, c'est-à-dire plus de 400 hommes.

Je regrette de n'avoir pu mentionner ce fait dans la partie du Mémoire qui traite spécialement de la population sédentaire, comme atténuation de la sévérité du jugement dont elle a été l'objet de ma part. Mais cette remarque ne pouvait être faite qu'en parlant du matériel des armements de pêche, car c'est uniquement comme propriétaires, et non comme marins, que les habitants de la colonie contribuent à ces armements de manière à influer sur l'agrandissement des cadres de l'inscription maritime. Et encore, quant à leur qualité de propriétaires, je dois dire qu'elle n'est que nominale pour le plus grand nombre d'entre eux, dont les embarcations sont grevées par d'énormes dettes, ou qui ne pourraient, sans en contracter, faire les dépenses nécessaires, à l'ouverture de chaque saison, pour entreprendre la campagne. On est ainsi exposé à voir d'un jour à l'autre crouler cet édifice sans base par suite du refus annoncé et déjà exécuté, par les négociants de la colonie, d'avancer de nouvelles fournitures sans le payement préalable des anciennes, et même d'en faire une seule dont le remboursement soit subordonné aux chances de la pêche.

La ruine qui menace les armements locaux qui sont aujourd'hui dans le domaine des habitants est non-seulement une des questions vitales du pays, mais elle se rattache aussi aux intérêts de la métropole. Je crois donc devoir en faire l'objet d'un examen spécial, qui se résumera dans la solution de la question suivante :

Cette classe de propriétaires de barques, indépendamment de la sollicitude qu'elle peut inspirer rend-elle assez de services pour justifier l'adoption de mesures propres à la soustraire à la dépossession de ses instruments de travail ?

A quelques exceptions près, tous les habitants, propriétaires de goëlettes et bateaux pontés ont, ainsi que je viens de le dire, des fournisseurs qui se chargent, moyennant la remise des produits de la pêche, de leur avancer tout ce dont ils peuvent avoir besoin pour leurs expéditions. Et comme ces fournisseurs sont aussi les armateurs des bâtiments faisant pêche sur le banc de Terre-Neuve et sécherie à Saint-Pierre et Miquelon, c'est-à-dire des bâtiments sujets au minimum d'équipage, lequel minimum est quelquefois surabondant pour le navire auquel il s'applique; ces fournisseurs, dis-je, en prenant, à l'automne, l'engagement de *fournir* (expression consacrée), pendant la campagne suivante, les propriétaires de barques, s'obligent aussi à leur amener des hommes pour monter ces embarcations. On sait maintenant ce que sont ces hommes : des *passagers-matelots*.

Ainsi, les habitants sédentaires, possesseurs de goëlettes de pêche, contribuent avec leur petit avoir ou par leur initiative, à la formation de nouveaux marins et au développement de la navigation. Leurs armements acquièrent en cela un caractère d'utilité publique et se rendent dignes de l'appui que l'État prête aux expéditions maritimes, sinon au même titre que les armateurs, car ils ne sont en quelque sorte que des sous-traitants quant à l'embarquement de matelots inscrits, du moins comme instruments accessoires du résultat obtenu.

Avant de déterminer, toutefois, la nature de cet appui, de cet encouragement, il faut voir si, dans le cas où, faute d'assistance de la part du Gouvernement les armateurs créanciers devenaient, à leur tour, détenteurs des goëlettes possédées par les habitants sédentaires, la pêche locale offrirait les mêmes résultats; en d'autres termes, si le nombre de goëlettes et bateaux pontés armés dans la colonie ne subirait pas de décroissement par suite de l'éviction des habitants sédentaires, et si le nombre des marins employés à la pêche de la morue ne suivrait pas aussi la même progression descendante.

On a vu par la déclaration de deux négociants, placée au commencement du troisième chapitre, que l'exploitation directe de la pêche locale par les armateurs datait de l'époque où ils n'avaient plus trouvé dans la fourniture des sources suffisantes de gain. C'était là leur raison ostensible. Mais j'ai fait comprendre aussi que la pêche locale devait surtout cette exploitation directe au minimum d'équipage fixé par la loi de 1836 et par l'ordonnance de 1842.

Prévenus, dès le principe, par des avertissements peu éclairés, dénoncés même par des compétiteurs pour des cas très-rares d'embarquement de *passagers-matelots*; les négociants convoqués par le conseil d'administration, à la séance du 16 novembre 1846, lesquels avaient leur intérêt à appeler l'attention du Gouvernement sur les faibles profits qu'ils retiraient de la fourniture, ont rejeté sur les mauvaises affaires de cette branche de commerce un fait qui, à cette cause, en réunissait une autre beaucoup plus vraie : l'obligation d'embarquer, sur les bâtiments d'Europe, un minimum d'équipage auquel il fallait trouver de l'occupation. Il est à remarquer, en effet, qu'ils ne se sont pas décidés immédiatement à laisser libres de leurs engagements, à l'arrivée dans la colonie, les marins qui entraient dans la composition du minimum d'équipage et qui ne suivaient pas le bâtiment. Ils les ont d'abord employés directement, et ce n'est qu'après une suite assez longue d'hésitations qu'ils en sont venus au point de revendiquer la prime pour des matelots engagés en France à l'effet de monter les goëlettes de leurs *fournis*, et d'ouvrir aussi leurs rôles à des marins venant à l'aventure ou pour faire la pêche à leur compte.

On conçoit aisément que l'emploi direct de l'excédant du minimum d'équipage, dans les armements locaux, devait avoir pour conséquence une certaine diminution dans les opérations de fourniture, car ces armements promettaient à peu près les mêmes résultats.

Mais aujourd'hui, et depuis quelques années, les armateurs voient que l'administration ne s'immisce, avec raison, en aucune manière, dans leurs transactions relatives aux *passagers-matelots*; qu'ils peuvent ainsi déverser, sans avoir aucune conséquence à redouter, l'excédant du minimum d'équipage de leurs bâtiments qui ne leur est pas utile sur les armements faits dans la colonie en dehors de leur sphère d'action, ce qui donne lieu, à l'égard des *passagers-matelots*, à une *espèce de fourniture* qui leur rapporte certains bénéfices; aujourd'hui, ils semblent renoncer à l'exploitation directe de la pêche locale. Quelques-uns d'entre eux ont même vendu la plus grande partie de leurs goëlettes. Or, de même que l'abandon de la fourniture était, il y a quelques années, la conséquence des armements directs; de même, la cessation de ceux-ci doit avoir pour résultat la reprise de la fourniture; et je suis fondé à dire que si ce genre de commerce était mieux garanti, ils l'exerceraient volontiers sur les bases d'autrefois, dès lors qu'ils peuvent détacher une portion de leurs équipages sur des bâtiments qu'ils n'arment pas sans cesser d'exécuter la loi.

Les commerçants changent souvent leurs allures, et cette marche nouvelle est à enregistrer comme la première. Il faut donc voir quelles en peuvent être les conséquences, afin de les mettre à profit.

Des habitants sédentaires possédaient 51 goëlettes et bateaux pontés en 1847;

Des marins domiciliés en France, auxquels cette pêche est familière, en possédaient 7;

En tout 58 sur 97, c'est-à-dire près des deux tiers du nombre total de ces sortes de bâtiments.

Depuis lors, ces deux classes de propriétaires de bâtiments de pêche qui ont entre elles une telle analogie qu'elles doivent être assimilées purement et simplement, ont fait d'autres acquisitions par suite de la tendance nouvelle qui a porté certains armateurs à se défaire de quelques goëlettes et bateaux pontés;

On est donc conduit à prévoir que l'abandon progressif, par les armateurs, de la pêche locale, exploitée directement, n'apportera aucune diminution dans le nombre des armements locaux. Il y a plus, si la fourniture pouvait être mieux garantie, si les armateurs pouvaient faire sans crainte des avances à des pêcheurs, habitants ou autres, qui, pleins d'énergie et d'activité, mais sans ressources pécuniaires, se voient aujourd'hui obligés de rester dans la condition de matelot, tandis qu'ils pourraient avec succès se mettre à la tête d'un bâtiment pêcheur, s'ils en avaient les moyens, le nombre de ces armements ne tendrait qu'à augmenter.

Or, la proportion des matelots inscrits employés à la pêche locale étant de 86 sur 100, on voit que l'abandon par les armateurs de leurs bâtiments de pêche attachés à la colonie pour reprendre la fourniture, non-seulement ne changerait rien au cadre de l'inscription maritime, mais encore que ce cadre s'élargirait avec le chiffre accru des armements locaux, suite d'un système de fourniture mieux réglé.

Ainsi, au point de vue de l'intérêt général, la marche nouvelle, loin de présenter des inconvénients, offre, au contraire, des avantages. Au point de vue de l'intérêt des habitants sédentaires et de la population maritime en France, elle permet aux premiers d'améliorer leur position, aux marins capables et entreprenants de trouver dans l'ingrat métier de la mer une ressource de plus qui attirerait vers la navigation des regards encore incertains.

Malgré l'importance de ces dernières considérations, les dispositions à prendre pour établir la fourniture sur des bases qui réaliseraient tous les avantages que je viens de signaler devant entraîner certaines dépenses, je ne me dissimule pas qu'on pourrait faire ici l'objection suivante:

Si, à l'époque de la mise à exécution de la loi de 1836 et de l'ordonnance de 1842, les armateurs ont pu atteindre les résultats qu'on obtiendrait aujourd'hui de la reprise de la fourniture ; si cette fourniture ne peut être faite sans imposer au budget une nouvelle charge, que l'embarquement des passagers-matelots soit formellement interdit, et qu'ils reprennent alors l'exploitation directe de la pêche locale, pour occuper la portion du minimum légal qui ne suit pas le bâtiment.

Cette objection, je puis la combattre.

Et d'abord je dirai que cette exploitation directe, dans ce moment surtout où elle n'est plus en faveur, pourrait bien être faite jusqu'à concurrence de l'emploi du minimum ; mais qu'elle n'en motiverait pas l'augmentation, comme cela aurait lieu si les habitants sédentaires et autres pouvaient donner de l'extension à leurs armements. Les armateurs, en effet, ne sont pas dans la même position que ces derniers, quant à l'expédition pour la pêche de bâtiments attachés à la colonie. Ceux-ci, ne possédant qu'une seule embarcation qui se trouve sans cesse sous leurs yeux, qu'ils visitent chaque jour, qu'ils réparent eux-mêmes, qu'ils conduisent eux-mêmes, à laquelle ils rendent le culte que l'ouvrier rend à ses outils, pour laquelle ils ont cette prédilection proverbiale qu'un bâtiment inspire toujours à son capitaine ; ceux-ci, qu'ils soient habitants sédentaires ou domiciliés en France, car, dans ce dernier cas, ils ont généralement un associé sur les lieux, hésitent longtemps à faire une dépense nouvelle, et ont un intérêt bien plus direct qu'un patron ordinaire au succès de l'expédition. Leurs armements sont donc moins coûteux, d'un côté, tandis que, de l'autre, leur pêche est plus abondante.

Les armateurs, au contraire, dont les grandes spéculations occupent déjà tous les instants, et pour qui le navire est plutôt un moyen accessoire de la profession de négociant qu'un instrument d'ouvrier, ne peuvent pas toujours apprécier eux-mêmes les dépenses à faire à leurs bâtiments ; le plus souvent ils sont obligés de s'en rapporter à un homme à gages, infidèle ou insouciant ; ils ne dirigent pas non plus les opérations de la pêche, et on conçoit alors que leurs armements se trouvent dans des conditions bien inférieures à ceux des habitants sédentaires, qui ont sans cesse *l'œil du maître* fixé sur leur propriété.

Il y a six ou sept ans, les armateurs ont pu croire que des bâtiments achetés à bon marché, aux portes du Canada ou de la Nouvelle-Ecosse, pays si riches en bois de construction, pourraient offrir de bons résultats ; c'est ce qui explique, avec les prescriptions du minimum, pourquoi la pêche locale a été entreprise par eux jusqu'au point où ils l'ont portée. Mais, aujourd'hui, ils sont bien désabusés ; car ces sortes de bâtiments, ancrés pendant six mois dans le barachois de Saint-Pierre, où les vers font des ravages effrayants et où la tenue n'est pas aussi bonne qu'on pourrait le désirer, demandent des soins incessants qu'ils ne sont pas en mesure de leur donner.

Ainsi, l'exploitation directe de la pêche locale par les armateurs non-seulement ne s'étendrait pas au delà de l'emploi des excédants de minimum des bâtiments d'Europe, mais encore il y aurait à craindre que ceux-ci ne subissent un décroissement né de l'obligation d'avoir un minimum trop élevé, et que cependant la loi ne peut diminuer. Or, on a vu que le contraire aurait lieu si les négociants pouvaient donner plus de développement aux opérations de fourniture ; que, dans ce cas, les armements locaux occuperaient même plus d'hommes que n'en comporte l'effectif réglementaire. C'est donc à la fourniture qu'il faut recourir pour réaliser les avantages que procurent ces armements.

Mais cette branche de commerce, tombée bien bas aujourd'hui par suite de l'absence de débouchés pour la morue, ne peut se faire avec des chances de bénéfices qu'en pressurant le pêcheur endetté, car le fournisseur doit naturellement chercher tous les moyens de rentrer dans ses débours ; et le plus efficace est sans contredit l'élévation du prix des marchandises livrées, en même temps que l'abaissement de la valeur donnée à la morue. Et encore la fourniture paraît-elle répugner, même à ces conditions, à la plupart des armateurs qui ont des établissements dans la colonie. Il n'y a donc qu'une seule mesure à prendre pour atteindre le triple but de l'extension des armements locaux, de l'extension des expéditions métropolitaines qui serait la conséquence de la première (puisque c'est dans les armements d'Europe qu'il faut chercher la plus grande partie des équipages qui peuvent être employés à la pêche locale), et de l'amélioration du sort de la population maritime en général, et des habitants sédentaires en particulier; cette mesure consiste, en fixant aux fournisseurs des profits raisonnables, à répondre dans une certaine limite de l'insolvabilité de quelques *fournis*.

Telle est l'espèce d'encouragement aux propriétaires de goëlettes et bateaux pontés dont j'ai voulu parler. Il ne pouvait être question ni de la prime pour les hommes, ni de celle accordée aux produits, dès que les armateurs reçoivent la première en embarquant en France les marins destinés à monter les goëlettes de la colonie, et que, seuls exportateurs, ils reçoivent aussi exclusivement la seconde.

Je ferai remarquer, à ce sujet, que les faveurs répandues sur le commerce de la morue ont toujours été toutes pour les armateurs, et que les habitants sédentaires et autres propriétaires de barques, à part la modique gratification de 3,000 fr. qui a été supprimée en 1833, n'ont jamais reçu d'autre encouragement que la fixation établie par l'arrêté du 18 août 1825, du prix de la morue à raison de 20 fr. les 50 kilogrammes. Si c'était là un encouragement, ce qui paraît douteux, car la morue avait réellement cette valeur en 1825, je puis dire qu'il n'existe plus depuis longtemps. Ainsi, bien que les armateurs doivent, comme cause première, recevoir les deux espèces de primes accordées, les pêcheurs de toute classe exploitant par eux-mêmes pourraient, ce me semble, avoir droit à certaines immunités; car je viens de démontrer que non-seulement ils sont les instruments accessoires du résultat obtenu, mais qu'ils sont encore les instruments sans lesquels ce résultat ne serait pas aussi complétement atteint.

J'ai expliqué la tendance nouvelle des armateurs de manière à faire comprendre que ce n'est pas faute d'importance de la pêche locale qu'ils sont dégoûtés de l'exploitation directe, après avoir été les premiers à prendre l'initiative de cette exploitation. La pêche locale, portée aujourd'hui pour moitié environ sur les bancs de Terre-Neuve et de Saint-Pierre (668 hommes), est sœur de celle qui prend son point de départ en France; elle ne peut donc décroître, et le Gouvernement, loin de la laisser déchoir, doit plutôt s'efforcer d'en étendre les limites. Pour arriver à ce résultat, il faut pouvoir concilier, et l'intérêt du négociant, qui ne saurait exposer son bien sans chances lucratives, et la nécessité où se trouvent des gens qui n'ont rien de recourir à des avances pour entreprendre la pêche.

Cette difficulté sera, je l'espère, aisément surmontée. Et je crois pouvoir dire qu'en garantissant au fournisseur, dans le cas d'insuffisance des produits de pêche, le prix du matériel d'armement des barques de pêcheurs et des marchandises indispensables à la subsistance de leurs familles, lequel prix serait établi suivant un tarif qui déterminerait, d'une part, la nature, la quantité et la valeur des objets de fourniture; de l'autre, le cours forcé de la morue, la fourniture, mieux garantie, serait reprise sur une plus grande échelle, et le Gouvernement, en donnant son appui à un genre de navigation de tout temps subventionné pour des raisons qui sont aujourd'hui passées à l'état d'axiome, n'imposerait pas une trop lourde charge au budget de l'Etat.

En effet, tous les propriétaires d'embarcations ne sont pas des nécessiteux; on compte parmi eux :

Des marins domiciliés en France,

Des habitants sédentaires, qui, soit en exerçant la pêche (dans des cas très-exceptionnels, il est vrai), soit au moyen d'un petit commerce de détail, ont acquis un certain avoir qui, dans cette colonie où le sol est sans valeur intrinsèque, a été placé sur des bâtiments de pêche;

Enfin, *des passagers-matelots*, passagers ordinaires et hivernants qui, opérant dans de petits canots, ne s'endettent pas toujours.

Ce sont les goëlettes et bateaux pontés seulement qui, à raison de la mise dehors élevée que demande la pêche des bancs, donnent souvent lieu à des mécomptes. Mais on peut juger par la situation de leurs propriétaires qu'ils ne seraient pas tous à subventionner, et que cette subvention, accordée seulement dans les cas où les produits de pêche ne suffiraient pas au remboursement des avances, et devant s'arrêter aux dépenses du matériel d'armement et aux objets de première nécessité fournis aux familles de pêcheurs, n'atteindrait pas un chiffre très-élevé, comparé aux avantages que la pêche locale offrirait en compensation.

En 1847, on comptait 1,477 pêcheurs exploitant la pêche locale, sur lesquels 1,264 marins inscrits (passagers-matelots, passagers ordinaires et hivernants).

Supposons que les fournisseurs qui, depuis quelques années, ont apporté à leurs opérations de fourniture de grandes restrictions, qu'ils ont, pour ainsi dire, changées en cessation absolue en 1848, se refusent à reprendre cette branche de commerce; je ne dirai pas que la pêche locale sera pour cela complétement anéantie, car il se trouvera bien, parmi les propriétaires d'embarcations de toute espèce, quelques individus qui s'efforceront de l'exploiter avec leurs propres moyens, et les armateurs, quelle que soit la répugnance qu'ils y éprouvent aujourd'hui, seront bien obligés de l'exploiter aussi dans la limite du superflu du minimum d'équipage imposé aux bâtiments armés en France. J'admets donc que, sur les 1,477 pêcheurs, la moitié se livre à la pêche, et que sur les 1,264 marins inscrits, il n'y en ait que 600 qui ne trouvent pas à s'employer.

Quelles seraient les conséquences de cet état de choses?

D'un côté, 600 marins seraient perdus pour la flotte, ou du moins viendraient en déduction du chiffre actuel de l'inscription maritime, faute d'emploi pour les débutants.

De l'autre, l'Etat aurait à sa charge la majeure partie de la population des îles Saint-Pierre et Miquelon, car il se trouverait bien peu d'habitants sédentaires dans le nombre des pêcheurs qui pourraient exercer la pêche avec leurs propres ressources.

Or, quant au premier point, M. Hautefeuille, dont les ouvrages sont fort estimés, nous dit dans son *Code des Pêches* :

Les primes sont en réalité la pension payée par la nation pour l'apprentissage des marins dont elle a besoin et dont elle ne peut faire elle-même l'éducation.

Et on lit dans l'exposé des motifs de la loi du 25 juin 1841 :

Le personnel des marins de l'inscription embarqués sur la flotte est représenté, pour 1839, par une dépense de 742 fr. 82 c. par homme, non compris la solde des états-majors, l'entretien du matériel naval et tous les frais accessoires.

A ce compte, les 600 marins que perdrait l'inscription maritime donneraient lieu, s'il fallait en faire directement l'éducation, prévision qui pourrait bien se réaliser, à une dépense de 450,000 fr. !

Quant au second point, je livre sans commentaires la nécessité dans laquelle s'est trouvé récemment le Gouvernement, de consacrer 125,000 fr. à la subsistance de la population.

Il faut donc admettre que si les encouragements à donner aux propriétaires de barques ne s'élevaient qu'à une somme annuelle de 50 à 60,000 fr. (et je ne crois pas qu'elle dépasserait ce chiffre, eu égard aux restrictions posées à leur concession et aux ressources personnelles de certains pêcheurs), l'Etat réaliserait le double avantage de conserver 600 marins dont les services sont utiles à la République, et de porter la vie chez une population qui n'a pas seulement sur l'inscription maritime l'influence résultant de la composition de ses armements, mais qui fournit aussi un fret important à la navigation pour le transport des produits qu'elle pêche ou fait pêcher.

Ces réflexions sur la situation des pêcheurs de la colonie ne seront peut-être pas inutiles. C'était là, d'ailleurs, une question d'actualité. Je n'ai pas, toutefois, la prétention de dire que j'ai su aplanir toute difficulté ; mais il ne me paraît pas douteux que le Gouvernement, à l'aide de quelques sacrifices permanents, qui ne tendraient, du reste, qu'à diminuer, par suite du devoir qui serait alors imposé à l'administration locale de prendre plus étroitement les intérêts des pêcheurs, et même de les surveiller, ne cherche à mettre un terme à ce dénuement de trente années, et à conserver aussi une ressource précieuse de recrutement maritime. Et alors, je crois que le meilleur moyen d'atteindre ce but serait de garantir la fourniture en la manière indiquée.

On vient de voir comment sont armés les goëlettes et bateaux pontés appartenant aux habitants sédentaires et aux marins ayant leur domicile en France.

Quant aux bâtiments armés sur les lieux par les armateurs ou leurs représentants, ils rentrent, pour leur armement et la formation de leurs équipages, dans l'ordre général des armements en France.

Leur nombre diminue de jour en jour, ainsi que je l'ai expliqué; et j'ai dû, en proposant une subvention pour la pêche locale, raisonner dans l'hypothèse où ces sortes d'expéditions ne seraient plus en la possession de ces négociants. Toutefois, si mes prévisions ne se réalisaient pas, et s'ils continuaient à armer des goëlettes et bateaux pontés, comme par le passé, ce que j'ai dit au sujet des habitants sédentaires et autres propriétaires de barques n'en subsisterait pas moins dans toute sa force; car toute mesure propre à accroître le nombre des armements de ces derniers aurait le même résultat que les dispositions arrêtées pour en prévenir le décroissement : l'extension de l'inscription maritime et de la navigation.

Les goëlettes de la colonie sont, à la fin de la pêche, ancrées dans le barachois de Saint-Pierre; les bateaux pontés sont montés sur les grèves. Pendant l'hiver, ces bâtiments subissent, par les soins des habitants sédentaires et des hivernants, les réparations dont ils peuvent avoir besoin; et au mois d'avril, époque de l'arrivée des marins expédiés de France, ils sont prêts à recevoir leurs équipages, et ne tardent pas à entreprendre la pêche, qui dure jusqu'à la fin de septembre, et donne une moyenne de trois ou quatre voyages pour ceux qui se rendent sur le banc de Terre-Neuve, d'une dizaine pour ceux qui pêchent sur le banc de Saint-Pierre, et d'un ou deux pour les armements du Golfe; à l'exception, quant à ceux-ci, de deux goëlettes qui, destinées à rapporter à Saint-Pierre les produits pêchés et préparés dans ces parages, font environ sept ou huit voyages.

Aujourd'hui la pêche du Golfe est à peu près exclusivement exploitée par une maison de Granville qui y possède, à Codroy et à l'île Rouge, d'assez bons établissements. Ces négocians y emploient indistinctement des pêcheurs des quatre classes : habitants sédendaires, hivernants, *passagers-matelots* et passagers ordinaires; toutefois, les *passagers-matelots* y sont en grande majorité.

Les expéditions pour le Golfe faites par les habitants sédentaires ou des marins étrangers à la colonie ont lieu en la forme indiquée plus haut.

Quant aux embarcations autres que les goëlettes et bateaux pontés, elles sont toutes construites dans le pays et se désignent sous les noms de *pirogues, canots* et *warys*. Elles appartiennent en totalité à leurs patrons, sauf les dettes de ceux-ci envers leurs fournisseurs, et sont ordinairement montées par deux hommes, le patron et un matelot, lesquels rentrent dans les quatre catégories de pêcheurs. Leur armement a lieu à la même époque que celui des bâtiments pontés. Il en est de même du désarmement.

Sur les 349 embarcations non pontées armées dans la colonie en 1847, 247 ont fait pêche autour des îles Saint-Pierre et Miquelon, et 62 dans le Golfe. Il est inutile de dire que ces dernières, pour lesquelles il est délivré à Saint-Pierre des rôles d'armement à leurs patrons, qui prennent ensuite passage sur les goëlettes, arment et désarment de *fait* sur les lieux mêmes de pêche.

Tels sont, au point de vue personnel et matériel, les moyens d'exploitation de la pêche pour laquelle des armements ont lieu dans la colonie, c'est-à-dire de la pêche locale; et il résulte de ce qui a été dit à ce sujet :

1° Qu'elle ne doit l'accroissement qu'elle a pris depuis 1838 qu'à l'exécution de la loi de 1836 et de l'ordonnance de 1842 sur les minimum d'équipage;

2° Que si les armateurs ne trouvent plus, dans son exploitation directe, des avantages suffisants, elle donne au moins lieu, soit aux opérations de fourniture, lesquelles embrassent à la fois les embarcations de pêche et les compagnons pêcheurs, soit au placement du superflu des minimum d'équipage, soit à des avances aux *passagers-matelots*, autre espèce de fourniture, et qu'elle est ainsi pour ces négociants une branche de commerce très-profitable;

3° Qu'elle tend à tomber dans le domaine exclusif d'une classe nombreuse de pêcheurs, propriétaires de goëlettes et embarcations de pêche qui y ont placé tout leur avoir et qui s'y sont même endettés; mais que la nécessité où se trouvent ces pêcheurs de demander des avances aux armateurs pour entreprendre la pêche, et le peu de chances favorables que présente aujourd'hui la fourniture, en diminueront certainement l'importance, et réduiront à la misère la population maritime de ces îles et une partie de celle de certains ports de la métropole, si le Gouvernement ne prend des mesures propres à concilier l'intérêt du pêcheur et celui du négociant, en d'autres termes, s'il ne répond, dans une certaine limite, du prix des fournitures nécessaires aux armements de pêche;

4° Que les propriétaires de barques exploitant la pêche locale, qui n'ont jamais reçu d'encouragement, comptent cependant dans leurs équipages 86 marins inscrits sur 100, et que l'Etat, pour ne pas perdre ou voir diminuer une aussi précieuse ressource, leur doit une protection spéciale d'autant plus efficace que leurs armements ne seraient pas remplacés en totalité, si le commerce de la fourniture était irrévocablement anéanti.

Ainsi, le pêcheur, le négociant et l'Etat étant tous intéressés, au plus haut degré, à l'exploitation de la pêche locale, l'extension qu'il est permis de lui assigner est immense, car chacun de ces intérêts pouvant à lui seul obtenir un résultat, réunis, leur portée est incalculable, eu égard au cercle resserré dans lequel ils sont appelés à se mouvoir.

Mais il résulte aussi de ce qui précède que les armateurs des bâtiments expédiés en France sont la cheville ouvrière de cette exploitation, puisque c'est à eux que doivent s'adresser les propriétaires de barques et autres embarcations pour se procurer le personnel et le matériel d'armement. Or, les transactions relatives au personnel étant une conséquence du minimum d'équipage imposé aux navires pêcheurs, et celles relatives au matériel, une suite des opérations commerciales inhérentes à cette localité, lesquelles reposent uniquement sur la pêche de la morue en général, il faut en conclure que la pêche locale ne peut exister sans les armements métropolitains, et qu'elle suivra toujours le cours de l'agrandissement ou de l'amoindrissement de ceux-ci.

Ce qui importe donc, avant tout, c'est de donner aux négociants français les moyens d'accroître leurs expéditions d'Europe. Que des débouchés soient ouverts à nos produits de pêche; que les armateurs puissent se dire : nos profits seront en rapport avec le chiffre de nos armements, et nous ne serons pas, comme aujourd'hui, embarrassés du placement de nos morues; qu'ils puissent, sans courir des chances certaines de perte, se présenter sur des marchés dont les Anglais et les Américains ont encore le monopole, et la pêche de la morue se fera sur une échelle dont personne n'a jusqu'ici mesuré l'étendue.

Toutefois, si, pour être efficaces, les encouragements doivent porter principalement sur les armateurs, cause première de tous les armements, soit métropolitains, soit locaux, qu'il me soit permis de dire encore que les propriétaires de goëlettes, bateaux pontés et embarcations de la colonie, contribuant par eux-mêmes à tous les avantages qui découlent de la pêche de la morue, qu'il me soit permis de dire que cette classe intéressante de travailleurs, dont la majeure partie manque de moyens d'existence, a des droits à certains encouragements spéciaux, *si surtout ces encouragements sont nécessaires pour assurer le maintien des armements actuels ou pour en augmenter le nombre.*

Après ces réflexions sur l'exploitation de la pêche locale, seule industrie d'importance inhérente à la colonie considérée en elle-même, il ne me reste plus qu'à me résumer sur l'ensemble de ce travail, dans un cinquième et dernier chapitre.

CHAPITRE V.

Résumé des chapitres précédents. — Considérations générales sur la pêche de la morue.

Le plus grand nombre des pêcheurs résidants et hivernants, et presque tous les passagers, sont dépourvus des moyens nécessaires pour se procurer les vivres, les ustensiles de pêche et même les vêtements nécessaires à l'exercice de leur dur métier. De temps immémorial, des négociants, sous le nom de fournisseurs, pour les deux premières classes, et les armateurs pour la troisième, ont été dans l'usage de faire les avances en nature et de se payer ensuite en poisson sur les produits de la pêche. Ce mode d'opérer a été sanctionné par divers règlements qui ont eu le double but d'assurer aux pêcheurs les fournitures de première nécessité pour l'exercice de leur profession, en les protégeant contre la trop grande avidité de quelques-uns des fournisseurs, et à ces derniers un privilége pour le payement des avances légalement justifiées. Le dernier de ces règlements, celui du 18 août 1825, est encore en vigueur aujourd'hui ; il est divisé en quatre titres, qu'il est important d'examiner ; il en est de même de l'arrêté du 26 octobre 1829, qui règle les droits des fournisseurs des matelots ou compagnons pêcheurs.

(HAUTEFEUILLE, *Code de la pêche maritime*, pages 385 et suiv. ; Paris, 1844, au Comptoir des imprimeurs unis.)

Admettons, pour un instant, que les myriades de morues qui peuplent le banc de Terre-Neuve et les bancs voisins n'existent pas ou se portent sur d'autres points de l'Océan éloignés des îles Saint-Pierre et Miquelon, ces îles ne seraient certainement pas habitées ; car leur sol est si aride, leur climat si rigoureux, que la pêche de la morue seule a pu y attirer des habitants. C'est donc à cette pêche qu'il faut rapporter tout ce qui concerne la colonie, et c'est aussi à ce point de vue que je me suis placé. Mais comme la pêche de la morue n'est une industrie précieuse que parce qu'elle porte avec elle un cachet d'utilité publique ; comme elle n'est subventionnée par le Gouvernement que dans le but de former de nouveaux marins, et de procurer de l'emploi à ceux que le service du pays ne requiert pas et qui, sans la faculté que leur donnent ces encouragements d'exercer leur profession, s'éloigneraient de la marine ou tout au moins fermeraient la porte à ceux qui y seraient appelés par leur vocation, faute de place dans le personnel des expéditions maritimes, c'est surtout sous le rapport du recrutement de la flotte que j'ai dû considérer les îles Saint-Pierre et Miquelon.

J'ai donc dit :

Comment leur population était en elle-même d'une ressource nulle pour l'inscription maritime ;

Comment, toutefois, elle contribuait, par des armements locaux dont elle prend l'initiative, à tous les avantages qui découlent de la pêche de la morue, en employant des marins inscrits ou placés dans la meilleure position pour arriver promptemennt à l'inscription.

Et, après avoir constaté que ces sortes d'armements menaçaient ruine et en avoir expliqué les causes ;

Après avoir montré que l'Etat avait le plus grand intérêt à les relever, tant pour améliorer le sort de la population sédentaire, et même pour assurer sa subsistance, que pour accroître le nombre des matelots ;

J'ai conclu à l'adoption d'une mesure qui consisterait à déclarer l'Etat garant envers les maisons de commerce établies dans la colonie, dans le cas d'insuffisance des produits de pêche, de la valeur du matériel d'armement et des objets de première nécessité que les pêcheurs sont dans l'obligation de leur demander, dès le mois d'octobre de chaque année, c'est-à-dire six mois avant de pouvoir prendre la mer, à titre d'avances remboursables en morue ; mais avec fixation, toutefois, des prix, espèces et quantités des articles de fourniture et du cours forcé de la morue donnée en remboursement.

Il n'est pas nécessaire de revenir sur le principe de cette garantie. S'il est reconnu, comme je crois l'avoir démontré, qu'elle est indispensable à la reprise ou à la continuation des opérations de fournitures, et conséquemment indispensable pour procurer, aux meilleures conditions, des moyens d'existence à la population sédentaire, et pour ouvrir ou maintenir un débouché de navigation à la population maritime en général, il ne me paraît pas douteux que le Gouvernement ne cherche à la faire consacrer par le pouvoir législatif. Et je suis d'autant plus porté à le croire que la dépense qui en résulterait, déjà peu élevée, puisque je ne l'ai portée qu'à 50 ou 60,000 francs, diminuerait chaque année, un des principaux objets de la garantie étant de donner de l'aisance aux pêcheurs, tout en laissant au fournisseur des bénéfices raisonnables.

L'application seule du système peut donc présenter des difficultés.

Or, je n'en vois que deux à considérer, et la solution des questions suivantes les fera, je crois, disparaître :

1° Les négociants accepteront-ils la fourniture telle qu'elle découle du principe de garantie,

« Restrictions, quant aux prix, espèces et quantités des marchandises à délivrer aux pêcheurs,

« Fixation du cours forcé de la morue donnée en remboursement? »

2° Quelles mesures efficaces pourront être prises pour empêcher les détournements de morues, soit du côté des pêcheurs, soit du côté des fournisseurs s'entendant avec les pêcheurs?

Sur le premier point :

Je ne donnerai pas ici une définition du commerce; mais il me semble que cette profession consiste à faire sur les objets d'échange des bénéfices dont le taux, quelquefois très-élevé, ne peut se justifier que par les risques et le travail inhérents aux spéculations commerciales, et que, lorsque les risques disparaissent, le négociant doit limiter ses profits au salaire de son travail, augmenté de l'intérêt légal de ses fonds engagés.

Ainsi, l'établissement d'un maximum de valeurs pour les objets de fourniture ne devrait pas exciter de réclamations, si ce maximum était fixé de telle manière que le fournisseur y trouvât, après déduction des frais de toute espèce que lui aurait occasionnés la livraison de ces objets aux pêcheurs, un bénéfice qui serait, par exemple, de 10 pour 100. Quel est le négociant qui se refuserait à souscrire à de telles conditions?

D'ailleurs, le maximum s'arrêterait au remboursement des fournitures autorisées. Pour toutes celles qui seraient faites en dehors du règlement ou après ce remboursement, les transactions entre pêcheurs et fournisseurs rentreraient dans le droit commun.

Les restrictions quant aux espèces et quantités des objets de fourniture, dont le but serait de réduire autant que possible le chiffre des avances et le résultat de borner les affaires du commerçant, ne devraient pas non plus exciter de réclamations, car ces restrictions s'arrêteraient, comme le maximum de prix, aux fournitures réglementaires; le Gouvernement, dont l'intervention serait toute d'intérêt général, ne pourrait répondre de la masse de fournitures dont il plairait aux pêcheurs de demander l'avance; il ne pourrait et ne devrait répondre que de celles indispensables à la pêche, et à la subsistance des familles.

Quant à la fixation du cours de la morue donnée en remboursement des avances autorisées, elle se justifierait par les mêmes raisons que celles qui sont invoquées à l'appui de l'établissement d'un maximum de valeur pour les objets de fourniture. Elle serait, comme ce maximum et les autres dispositions restrictives, une suite du principe de garantie, et devrait être établie de manière à concilier l'intérêt du pêcheur et celui du négociant, mais en réduisant le bénéfice de celui-ci à son taux le plus raisonnable, afin que l'Etat, dans son intervention protectrice, ne soulage que le malheur ou l'insuccès. Ce cours, basé sur un profit net de 10 p. 100, après la vente effectuée et rendue parfaite par la remise, sur les lieux d'importation, de lettres de change ou autres valeurs, me semblerait suffisant. L'Etat ne pourrait suivre plus loin les affaires commerciales auxquelles donne lieu la vente des produits de la pêche, et la réalisation des valeurs données en échange de la morue serait aux risques et périls du fournisseur. Celui-ci, ayant d'ailleurs toutes les chances possibles de retirer un bénéfice net de 20 p. 100 sur l'ensemble de l'opération, trouverait, dans la fourniture ainsi réglée, d'assez beaux avantages pour ne pas la décliner.

Je crois inutile de dire qu'en déterminant le cours de la morue, il y aurait à tenir compte de la prime, qui devrait être ajoutée au prix de vente pour avoir sa valeur brute sur les lieux d'importation.

Il serait bien à désirer que ce cours pût être le même pour toutes les transactions, quelles qu'elles fussent ; mais je crois que ce serait empiéter sur la liberté du commerce que de l'étendre au delà du remboursement des fournitures garanties par l'Etat. Il a pu être établi d'une manière invariable, en 1825 (arrêté du 18 août, art. 17), au taux de 20 francs les 50 kilogr., parce que la morue, à raison des primes plus fortes auxquelles elle donnait lieu et des meilleures conditions de vente dans lesquelles elle se trouvait, valait effectivement, à cette époque, 20 francs dans la colonie. Mais aujourd'hui, elle a perdu plus du quart de sa valeur ; et il en résulte que l'art. 17 du règlement de 1825, dont la disposition n'est cependant pas abrogée, est éludé depuis longtemps, en élevant le prix des fournitures de manière à arriver à un rapport exact entre les objets d'échange. En d'autres termes, si la morue ne vaut, par exemple, que 15 francs les 50 kilogr., un objet de 20 francs, espèces, est coté par le fournisseur au prix de 25 francs.

Cette élévation du prix des fournitures est tout à fait arbitraire, et elle varie dans plusieurs maisons de commerce. La nature même du calcul qu'elle nécessite fait concevoir qu'elle ne doit pas être exempte d'erreurs.

Les dispositions que je propose d'arrêter pour régler sur de nouvelles bases les opérations de fourniture aux îles Saint-Pierre et Miquelon remédieront, en partie, aux inconvénients qui viennent d'être signalés, puisque le cours de la morue sera obligatoire jusqu'à concurrence du remboursement des fournitures autorisées et garanties par l'Etat. Quant aux transactions entre commerçants et entre pêcheurs et commerçants, pour des fournitures non autorisées ou faites postérieurement au remboursement des avances permises, la morue devrait être déclarée marchandise ; et il y aurait, en conséquence, à rapporter l'art. 17 de l'arrêté du 18 août 1825 et l'art. 18 qui en est le complément, tant pour simplifier ces transactions que pour prévenir les inconvénients inséparables du cours forcé attribué à une marchandise qui ne représente pas identiquement la valeur espèces qui lui est assignée.

C'est à contre-cœur, cependant, que je me résume en ces termes, car le taux des primes devant entrer dans la composition du prix de la morue donnée en remboursement des avances réglementaires, il est à regretter que, pour le surplus des fournitures ou pour la vente des excédants de produits, le pêcheur qui, en sa qualité de *producteur*, a des droits incontestables à ces primes, ne puisse au moins partager avec le négociant les bienfaits de l'Etat, en réglant son prix de vente sur la valeur réelle de la morue aux lieux d'importation, et non sur sa valeur dans la colonie, alors qu'elle n'est pas encore dans les conditions requises pour donner droit à la prime. Mais le cours forcé ne me paraît pas devoir être étendu au delà du cas spécifié. Dans ce cas seulement il peut être obligatoire, parce qu'il est une conséquence de la garantie, un des articles du contrat passé entre le fournisseur et l'Etat intervenant dans l'intérêt du pêcheur. Lui donner plus d'extension, ce serait, comme je l'ai dit, gêner la liberté du commerce. D'un autre côté, le Gouvernement ne pouvant plus garantir un bénéfice au négociant, ce cours serait, suivant les circonstances, ou trop fort ou trop faible, et on verrait alors se reproduire les conséquences fâcheuses qui résultent des articles 17 et 18 de l'arrêté de 1825, et en général des valeurs nominales qui ne reposent pas sur des équivalents. Je suis convaincu, d'ailleurs, que la concurrence porterait la morue, devenue marchandise, à son prix réel, car ce prix varierait certainement dans le pays, suivant les profits qu'elle offrirait sur les lieux d'importation.

Garantir aux fournisseurs des bénéfices suffisants pour qu'ils puissent continuer ou reprendre la fourniture ;

Restreindre les fournitures dans la limite des objets indispensables à la pêche et à la subsistance des pêcheurs et de leurs familles ;

Fixer le taux de la morue donnée en remboursement ;

Je ne crois pas que le Gouvernement puisse intervenir plus étroitement dans les spéculations commerciales du pays.

Sur le second point :

Déjà l'arrêté du 18 août 1825 punit, art. 38 et 39, les personnes autres que le fournisseur qui recevraient de la morue d'un pêcheur avant que celui-ci ait acquitté ses dettes privilégiées ;
Le pêcheur qui serait convaincu d'avoir soustrait à son fournisseur sa plus belle morue ;
Et la personne qui lui en aurait facilité les moyens.
Il existe aussi sur la matière un autre arrêté colonial ainsi conçu :

« Nous, Augustin-Valentin Borius, etc.,

« Vu les art. 38 et 39 du règlement du 18 août 1825,

« Avons ordonné et ordonnons, etc. :

« ART. 1er. Tout créancier reconnu privilégié, par l'article 27 du règlement du 18 août 1825, qui n'aura pas été entièrement soldé de ses avances de l'année, pourra faire citer son débiteur devant le commandant et administrateur pour le roi, pour y déclarer la quantité des produits de sa pêche et l'emploi qu'il en aura fait.

« ART. 2. Pour vérifier cette déclaration, le commandant et administrateur recevra l'interrogatoire des compagnons pêcheurs, qui seront également cités à la requête du créancier.

« ART. 3. Ces citations seront faites par un agent de la force publique et sans frais.

« ART. 4. S'il résulte desdites déclarations et vérifications qu'il ait été détourné de la morue ou de l'huile au préjudice du créancier privilégié, il en sera dressé procès-verbal, et expédition en sera délivrée audit créancier, qui pourra poursuivre, en la forme ordinaire, la restitution desdites morue et huile.

« ART. 5. Pourra le créancier privilégié, s'il le juge convenable, poursuivre directement, devant le conseil temporaire de justice, la restitution de la morue ou de l'huile détournée à son préjudice, sans faire, au préalable, citer son débiteur en déclaration.

« ART. 6. Il est défendu à tout pêcheur de livrer de la morue, et à toute personne d'en recevoir, à quelque titre que ce soit, avant le lever et après le coucher du soleil.

« ART. 7. Les contrevenants aux dispositions de l'article précédent seront punis, savoir : le pêcheur qui aura livré la morue, d'un emprisonnement d'un jour à cinq jours, et la personne qui l'aura reçue d'une amende de quinze francs à soixante francs, le tout sans préjudice des peines portées dans les articles 38 et 39 du règlement du 18 août 1825.

« Donné en l'hôtel du Gouvernement, à Saint-Pierre de Terre-Neuve, le 21 septembre 1827. *Signé :* Borius. »

Si donc, lorsque les soustractions avaient un caractère moins punissable, car la garantie ajoute encore à la gravité du délit, les dispositions qui précèdent ont pu être légalement édictées et sauvegarder aussi les droits des fournisseurs, le principe et l'efficacité des mesures propres à empêcher les détournements de morues ne seraient certainement pas contestables.

Ainsi, les deux principales difficultés que présenterait la garantie par l'Etat de la fourniture disparaissent, comme les objections qui pourraient être faites au principe de cette garantie, au moyen des explications qui précèdent. Il ne me reste donc plus, afin d'être complet, qu'à donner un aperçu des dispositions à prendre pour l'application du système.

« De temps immémorial, les pêcheurs qui arment aux îles Saint-
« Pierre et Miquelon des goëlettes, bateaux pontés et autres embar-
« cations, et ceux qui y naviguent simplement comme compagnons
« pêcheurs, ont eu besoin de recourir à des fournisseurs qui leur
« procuraient les objets nécessaires à la pêche et ceux indispensables
« à la subsistance de leurs familles, moyennant remboursement sur
« les produits de la campagne.

« Cette branche de commerce, d'essence très-aléatoire, était ce-
« pendant pour les commerçants de ces îles une source abondante de
« gain, à l'époque où le taux des primes et des ventes était bien
« supérieur à ce qu'il est actuellement ; mais elle est aujourd'hui
« progressivement délaissée et menace de s'anéantir.

« Or, les expéditions pour la pêche, effectuées chaque année dans
« cette colonie, emploient 1,500 hommes ; et, si les opérations de
« fourniture étaient tout à coup supprimées, il y aurait à peine la
« moitié de ce nombre de pêcheurs qui pourrait exercer sa pro-
« fession.

« Il en résulterait donc, d'un côté,

« Que le service de la flotte perdrait, dans cette suppression, un
« élément précieux de recrutement ;

« De l'autre, que la population maritime en France, qui compte
« dans ces sortes d'armements les 6/7 des marins qui l'exploitent,
« et plus particulièrement celle des îles Saint-Pierre et Miquelon, au-
« raient beaucoup à souffrir ; et que la métropole serait dans l'obli-

« gation de venir au secours de cette dernière, comme cela a eu lieu
« en 1848.

« Il y a donc nécessité, urgence de rendre à l'inscription mari-
« time ce débouché de navigation, aux pêcheurs, en général, l'exer-
« cice de leur métier.

« Le seul moyen d'y parvenir est de déclarer l'Etat garant, dans
« une limite restreinte, toutefois, des fournitures avancées aux pê-
« cheurs par les négociants ; et cette nouvelle charge du budget,
« évaluée à 50 ou 60,000 francs environ, paraîtra bien faible, com-
« parée aux avantages qu'elle aura pour but de réaliser. Elle ne ten-
« dra, d'ailleurs, qu'à décroître rapidement, une des premières con-
« séquences du principe de garantie devant être de diminuer la valeur
« de la marchandise et d'augmenter le prix de la morue donnée en
« remboursement de tout le bénéfice que le négociant assigne aux
« risques qu'il court, et d'améliorer ainsi le sort des pêcheurs, tout
« en nationalisant davantage les professions maritimes.

« I. Les fournitures que les négociants sont dans l'usage de faire
« aux marins qui pêchent aux îles Saint-Pierre et Miquelon sont
« garanties par l'Etat, dans la limite d'une dépense annuelle de
« 60,000 francs.

« II. L'intervention de l'Etat dans les opérations de fourniture ne
« pourra être invoquée que dans le cas où les pêcheurs n'auraient
« pas rapporté assez de morue pour rembourser les avances reçues.

« III. Cette garantie ayant pour but, tout en laissant au fournis-
« seur des bénéfices suffisants, d'améliorer le sort du pêcheur, et
« même de réduire, autant que possible, l'allocation affectée au
« parfait payement des fournitures, le Gouvernement détermine les
« prix, espèces et quantités des objets à fournir, et le cours de la
« morue donnée en remboursement.

« IV. Les fournitures seront classées en deux catégories dis-
« tinctes :

« Dans la première, seront rangés les objets indispensables à la
« pêche, tels que cordages, toile à voile, chaloupes, lignes, hame-
« çons, vivres d'équipages, etc.

« Dans la seconde, les objets de première nécessité, tels que vê-
« tements, vivres, matériaux pour réparation de maisons, etc.

« Les célibataires compagnons pêcheurs et possesseurs d'embar-
« cations ne pourront prendre chez les fournisseurs que les objets
« de première nécessité qui leur seront attribués comme individus
« isolés. Les pères de famille, sans distinction de position, recevront
« des fournitures en rapport avec le chiffre de leurs familles.

« V. L'Etat ne garantit pas l'achat que les pêcheurs pourraient faire
« d'embarcations dont la valeur excéderait 300 francs. Toutefois, lors-
« qu'un patron qui sera dans l'intention d'acheter une embarcation
« plus grande paraîtra le mériter par sa conduite et son habileté,
« le commissaire de la République, après avoir pris l'avis du conseil
« d'administration, pourra décider que cet achat sera garanti, comme
« les autres fournitures, dans la limite de 1,000 francs.

« VI. La garantie résulte du livret remis au pêcheur par le com-
« merçant, en exécution de l'arrêté local du 18 août 1825. Ce livret
« devra être visé au bureau de l'inscription maritime et enregistré au
« greffe du tribunal de commerce.

« Lorsqu'il y aura eu remise d'un livret, le fournisseur ne pourra
« renoncer à la garantie, et se soustraire ainsi aux restrictions dont
« le principe est consacré par l'art. III. Elle est d'ordre public.

« Il ne pourra y renoncer qu'en ne remettant pas de livret, mais
« alors aucune des dispositions de l'arrêté du 18 août 1825 ne lui
« sera applicable.

« Il ne pourra pas non plus, avant d'avoir reçu assez de morue
« pour se rembourser des fournitures autorisées, faire aux pêcheurs
« des avances en espèces, quantités et prix autres que les espèces,
« quantités et prix arrêtés par le règlement à intervenir, en se pro-
« posant de n'invoquer la garantie que dans les limites légales, ni
« coter la morue à un taux moindre que le cours fixé par ledit règle-
« ment.

« VII. Une commission, composée d'administrateurs, de négo-
« ciants et de pêcheurs sera instituée aux îles Saint-Pierre et Mique-
« lon, sous le nom de *Commission des fournitures de pêche.*

« Un règlement particulier fixera le nombre des membres de cette
« commission et déterminera les attributions qui lui seront dévolues.

« Elle sera spécialement chargée :

« 1° De faire tous les ans, à l'ouverture de la campagne, un ta-
« bleau des espèces et quantités d'objets de première catégorie à
« fournir, suivant la nature de l'armement (petites embarcations, ba-
« teaux pontés et goëlettes);

« 2° De faire un tableau des espèces et quantités d'objets de la se-
« conde catégorie, en considérant les pêcheurs isolément, et en ayant
« égard au chiffre de leurs familles;

« 3° De fixer le prix de ces fournitures en laissant au fournisseur
« un bénéfice net de 10 p. 0/0;

« 4° D'établir, à l'époque du 29 septembre de chaque année, le
« cours de la morue donnée en remboursement,

« Ce cours sera basé sur le taux moyen des ventes des morues pen-
« dant la campagne précédente et pendant la campagne courante,
« jusqu'à ladite époque, en tenant compte de la prime acquise à celles
« exportées aux colonies ou à l'étranger. Il devra être établi de ma-
« nière à laisser encore au fournisseur un bénéfice net de 10 p. 0/0
« après la vente rendue parfaite par la remise, sur les lieux d'impor-
« tation, d'espèces, de lettres de change ou autres valeurs.

« VIII. Le travail de la commission sera sanctionné par le conseil
« d'administration et rendu exécutoire par un arrêté du commissaire
« de la République.

« IX. Si, avant le 29 septembre, il y a avait lieu à règlement de
« comptes, en cas de contestation entre le fournisseur et l'adminis-
« tion ou le pêcheur, suivant qu'il y aurait ou non lieu à rembourse-
« ment par le trésor, sur la valeur donnée à la morue, la commission
« statuerait définitivement.

« Elle statuera aussi définitivement, par trois de ses membres au
« moins, sur la qualité des produits de pêche, lorsqu'il y aura de-
« mandé en refaction par le fournisseur.

« X. Les articles 17 et 18 de l'arrêté du 18 août 1825 sont abro-
« gés. La morue n'est réputée monnaie du pays et son cours n'est
« obligatoire que dans les rapports de pêcheur à fournisseur, et jus-
« qu'à concurrence seulement des fournitures autorisées. Pour toutes
« les autres transactions et pour les fournitures faites aux pêcheurs
« en dehors du règlement ou après remboursement des avances rè-
« glementaires, la morue deviendra marchandise.

« XI. A la fin de la campagne, et à une époque fixée, les négociants
« qui auront à invoquer la garantie présenteront leurs comptes (1) à
« la commission, qui, après les avoir confrontés avec les livrets remis
« aux pêcheurs, et s'être assurée que les fournitures n'ont pas été
« faites dans d'autres conditions que celles où les placera le règle-
« ment, et que la morue est bien cotée à son cours préfix, dressera
« un état de toutes les sommes à rembourser aux fournisseurs, et le
« remettra au chef du service administratif chargé d'en ordonnancer
« le payement.

« Dans le cas où l'allocation de 60,000 fr. ne pourrait suffire, les
« fournisseurs viendront au marc le franc, suivant l'importance de
« leurs avances; mais alors, pour toutes celles qui ne leur seraient
« pas payées, ils auront le droit, en débitant les pêcheurs respectifs,
« d'exhausser les prix de leurs fournitures, si le cours de la place les

---

¹ On voit qu'il n'est nullement question ici des livres de commerce.

« porte plus haut, jusqu'à concurrence seulement de ce cours dû-
« ment constaté par voie parère ou autrement.

« Cette créance sera privilégiée sur les produits de la campagne
« suivante, c'est-à-dire que, après remboursement des fournitures
« avancées pour cette campagne, elle sera payée préférablement à
« toute autre dette.

« XII. Le pêcheur qui aura, pendant deux années consécutives,
« donné lieu à l'intervention de l'Etat dans le payement de ses avan-
« ces, sans qu'il soit justifié de la force majeure, sera, si son do-
« micile d'origine est en France, renvoyé de la colonie ; si son
« domicile est aux îles Saint-Pierre et Miquelon, le commissaire de la
« République proposera au ministre de la marine et des colonies les
« mesures qu'il y aurait à prendre à son égard, et le ministre sta-
« tuera définitivement.

« XIII. Tout pêcheur qui sera convaincu d'avoir détourné une
« partie, quelque petite qu'elle puisse être, des produits de sa pêche
« pour la vendre, au lieu de la livrer à son fournisseur, sera, s'il
« donne lieu à la demande en garantie, condamné à..............
« ....; s'il n'y donne pas lieu, il sera seulement condamné
« à une amende de............ à..........

« XIV. Tout fournisseur qui, agissant de concert avec le pêcheur,
« sera convaincu d'avoir déguisé une livraison de morue, afin de
« vendre à celui-ci des objets non reconnus par le règlement ou en
« quantités plus fortes que celles autorisées, sera non recevable à in-
« voquer la garantie, et sera, en outre, condamné, ainsi que le pê-
« cheur, à............

« XV. Les dispositions de l'art. XII seront aussi appliquées, s'il y
« a récidive, aux pêcheurs contrevenants dans les deux cas.

« XVI. Un arrêté local désignera les fonctionnaires plus particu-
« lièrement appelés à connaître des matières relatives à la garantie
« de la fourniture ; et, afin de prévenir les délits, plutôt que d'avoir à
« les réprimer, il règlera les formalités de douane et autres à remplir,
« pour empêcher que la morue destinée au remboursement des
« avances ne soit détournée.

« XVII. Les fonds restés sans emploi sur l'allocation de 60,000 fr.,
« après règlement général des fournitures, feront retour au trésor
« public. »

Telles sont les principales dispositions qui me paraissent pouvoir
concilier ces trois choses : l'intérêt du pêcheur, la profession de né-

gociant et le principe de garantie qui ne permet l'intervention de l'Etat que dans les cas extrêmes.

Je ne crois pas qu'il soit possible d'aviser autrement à rétablir la fourniture aux îles Saint-Pierre et Miquelon, du moins de manière à assurer la subsistance de toute la population. Et, si j'ai pu exprimer assez bien ma penseé pour faire comprendre, comme je le comprends moi-même, qu'il y a tout à la fois urgence et avantage à ce que le Gouvernement intervienne dans le payement des fournitures de pêche, et que la garantie, qui finirait par n'être que nominale, donnerait à peine lieu, dans les premières années d'épreuve, à une dépense de 60,000 fr., eu égard aux restrictions de toute espèce qui en sont la conséquence, j'ose espérer que mes efforts n'auront pas été inutiles.

Les négociants de la colonie ne font, pour ainsi dire, plus d'avances. Ils tendent à n'en plus faire à l'avenir, ou bien à les restreindre de telle sorte, que la subsistance des familles de pêcheurs n'est plus assurée pendant l'hiver. Ils n'achètent la morue qu'aux taux de 15 fr., 14 fr. 50 c., 14 fr. et 13 fr. 50 c. Que faire? Si les pêcheurs étaient en position d'exercer leur métier sans avoir besoin d'avances, d'exporter eux-mêmes leurs produits, on pourrait solliciter en leur faveur l'autorisation d'expédier à cet effet directement leur bâtiments pour les lieux d'importation ; il serait même possible de leur accorder des francisations exceptionnelles au delà de la limite de 60 tonneaux. Mais ils n'ont rien. Et, eussent-ils les ressources nécessaires pour entreprendre la pêche sans recourir à des emprunts, ils ne pourraient certes pas exporter leurs morues, même en s'associant. Car, à moins d'avoir une certaine aisance, ce qui ne se rencontre malheureusement pas dans cette classe de citoyens, comment attendraient-ils, sans se trouver dans le besoin, la réalisation des valeurs données en échange de leurs produits? Leur inexpérience des affaires commerciales, les commissions de vente, etc., ne les exposeraient-elles pas aussi à des pertes et à de grands frais?

La garantie de l'Etat, cette garantie peut seule les faire vivre; or, elle repose sur l'intérêt général du pays, sur le recrutement de la flotte ; elle sera, je l'espère, accueillie favorablement.

Mais, après avoir arrêté les mesures propres à soutenir et à accroître la pêche particulière des îles Saint-Pierre et Miquelon, il restera encore quelque chose à faire. Les armements qui ont lieu dans ces îles sont trop intimement liés à ceux de la métropole pour en être séparés ; et tout ce qui se rattache à la cause générale de la pêche de la morue doit dominer la question.

Il n'entrait pas dans le plan de ce Mémoire de traiter l'ensemble de cette branche de commerce maritime ; mais mon travail ne serait pas complet, si je ne m'efforçais de chercher le placement des produits de pêche, après avoir indiqué ce qu'il y aurait à faire pour en augmenter le chiffre. Toutefois, je me bornerai à de simples réflexions, car la matière est immense, et mon sujet m'a déjà entraîné plus loin que je ne l'aurais désiré.

Il est admis aujourd'hui comme axiome que les frais énormes auxquels donnent lieu les armements pour la pêche de la morue et la difficulté d'en placer les produits ne peuvent être compensés que par des primes et immunités concédées par l'Etat. Les immunités sont nombreuses, et les primes sont inscrites au budget pour une dépense de plusieurs millions. Cependant, non-seulement la pêche n'est pas, dans l'état actuel des choses, susceptible d'extension, mais les hommes spéciaux doutent même qu'elle puisse se maintenir dans les proportions qu'elle avait prises en 1847.

Le décret récent, du 24 août 1848, a fait un pas vers l'amélioration sollicitée de toutes parts ; mais il est à regretter que les délibérations de l'Assemblée nationale n'aient pas été appelées sur la question de savoir s'il ne serait pas opportun de consacrer l'assimilation pure et simple des primes accordées aux morues importées aux colonies françaises et à l'étranger.

La différence de ces primes, en faveur des importations effectuées dans nos colonies, a évidemment été établie dans le but d'assurer leur approvisionnement. Voyons donc dans quelles conditions elles se trouvent par rapport aux autres marchés.

La Martinique et la Guadeloupe sont, pour ainsi dire, les seuls établissements d'outre-mer dépendant de la France qui reçoivent de la morue ; je ne parlerai donc pas de ces deux derniers, en faisant observer, toutefois, que leur assimilation aux autres établissements français, quant à la quotité de la prime, me paraîtrait comporter une exception pour ceux qui sont situés au delà du cap Horn et du cap de Bonne-Espérance. Ce sont les longs voyages qui font surtout la cherté de la navigation ; car ils occasionnent de grands frais d'équipage, sans y comprendre l'entretien et l'usure du bâtiment, en même temps qu'ils exigent l'emploi d'une marine marchande plus considérable que les expéditions de courte durée. Ils demandent encore une meilleure préparation pour la morue, et font courir de plus grandes chances de détérioration. Les longs voyages, qui font aussi les meilleurs matelots, méritent donc plus de faveur que les traversées promptes et séduisantes des Antilles.

La Martinique et la Guadeloupe sont placées seulement à 700 lieues de Terre-Neuve et des îles Saint-Pierre et Miquelon, qui centralisent la plus grande partie des expéditions ;

Les marchés du Brésil et autres de l'Amérique méridionale sont bien plus éloignés ;

A la Martinique et à la Guadeloupe, les produits de pêche français sent reçus en franchise de tous droits ;

Sur les marchés étrangers, ils sont frappés de droits très-élevés ;

A la Martinique et à la Guadeloupe, les frais auxquels donnent lieu les bâtiments sont de peu d'importance ;

En pays étranger, ils sont toujours plus dispendieux.

Cela posé, si on a jugé nécessaire, pour favoriser l'écoulement de la morue, d'accorder une prime de 22 fr. par quintal métrique aux cargaisons portées aux Antilles françaises, pourquoi ne pas l'accorder aussi aux importations dans les îles des Antilles, dans l'Amérique du Sud, etc., et même aux expéditions des lieux de pêche pour l'Espagne, l'Italie, le Levant, etc. Craint-on que nos colonies manquent de morues ? Mais les avantages de tout genre qu'elles offrent aux cargaisons françaises et aux bâtiments qui les portent en feront toujours des lieux privilégiés d'importation.

D'ailleurs, toute la morue qu'elles reçoivent et qui donne lieu à la prime de 22 fr. par quintal métrique n'est pas consommée par leurs populations.

Il en est déversé une grande quantité sur l'étranger ; et en 1844 (tableaux de commerce et de navigation), la Martinique et la Guadeloupe ont ainsi exporté pour les îles voisines 1,101,342 kilogrammes de morue sèche qui avait reçu la grande prime. Cette manière d'opérer diffère de l'exportation directe en ce que nos établissements coloniaux y trouvent les avantages de l'entrepôt ; mais on ne peut s'empêcher de convenir que ce privilége, quelles que soient les restrictions qui le régissent, n'est toléré qu'au détriment de la qualité de la morue, et qu'il pourrait être étendu aux expéditions de France et des lieux de production, sans porter atteinte aux droits de nos colonies, dont le cabotage, si toutefois les produits de pêche dont il s'agit sont transportés par navires français, ne procurera jamais à la France ces matelots consommés qui se trouvent sur nos principales places de commerce.

Il semble donc résulter, de tout ce qui précède, que la métropole, après avoir reconnu que l'approvisionnement de ses possessions d'outre-mer est assuré, ne peut se refuser à ouvrir de nouveaux débouchés aux morues qui n'y trouveraient pas leur placement. Il semble même que, dans ce cas, la prime la plus forte devrait être pour l'étranger, puisque nos produits y sont frappés de droits, tandis qu'ils entrent en franchise dans les colonies françaises ; puisque les voyages à l'étranger sont plus longs que ceux de nos colonies et nécessitent, par conséquent, l'emploi d'un plus grand nombre de bâtiments, ce qui est à la fois onéreux pour l'armateur et très-avantageux à l'inscription maritime; puisque enfin les frais des navires à l'étranger y sont beaucoup plus élevés qu'en pays français.

Or, le commerce ne demande que l'assimilation pure et simple; il y a donc lieu d'espérer que la prochaine loi sur les primes obtempérera à ces réclamations. Si cependant il était reconnu que certains marchés centralisateurs ne comportassent pas cette augmentation, je serais le premier à demander des catégories dans la prime, afin que l'Etat n'intervînt que pour défrayer et jamais pour enrichir. Mais ce ne peut être que l'objet d'une enquête, et je dois m'abstenir de toutes réflexions à cet égard, faute d'informations suffisantes. Il est pourtant un point à constater, dès à présent, c'est que la morue n'entrera chez aucun peuple dans la consommation, si elle se vend plus de 40 à 50 centimes le kilogramme. Or, son prix de revient, rendue aux Antilles française, où elle ne se place cependant qu'au taux de 20 à 30 centimes, est de 50 centimes le kilogramme; il s'élève avec les distances et surtout avec les droits et les frais imposés à notre commerce en pays étranger; que faut-il en conclure?

Que si la nation est intéressée à ne pas laisser déchoir la pêche de la morue, des sacrifices lui sont devenus indispensables.

Cette conclusion me porte à me demander ici quel est, en définitive, le but des primes accordées à cette branche de commerce maritime.

Autrefois, la pêche a pu être encouragée *comme industrie*, c'est-à-dire dans sa production. Mais cette erreur tend à disparaître de plus en plus, et il n'est pas besoin de lire l'exposé des motifs de la loi du 25 juin 1841, et celui du décret du 24 août dernier, pour se convaincre que cette exploitation qui, comme industrie, devrait occuper le dernier rang, n'est plus considérée que dans ses conséquences. La définition des primes me paraît alors devoir se résumer en ces termes :

Le moyen d'entretenir à bon marché un personnel d'élite pour l'armée navale.

La question est ainsi ramenée à savoir si les intérêts de la flotte sont suffisamment connexes avec les primes concédées aux importations de morues à l'étranger pour en motiver l'élévation.

Or, les matelots employés à cette pêche ne coûtent en primes que 240 francs au plus chacun ;

Directement employés par l'Etat, ils coûteraient plus de trois fois cette somme, sans y comprendre la solde des états-majors des bâtiments, l'entretien du matériel naval et les frais accessoires ;

Après la pêche de la baleine, il n'existe pas de navigation plus dure que la pêche de la morue et qui forme de meilleurs matelots;

La navigation au long cours, qui effectue le transport des produits, est incontestablement une école où les matelots ordinaires achèvent leur éducation nautique en peu de temps; car, sur un brig transport de 150 tonneaux, qui ne comporte que 10 hommes d'équipage, il ne faut ni paresseux ni gens inhabiles;

Les règles de la levée permanente appellent sur les vaisseaux de la République les marins sans service à l'Etat, et, en cas d'insuffisance, ceux qui en ont le moins;

Au premier signal, l'inscription maritime entière peut être dirigée sur les arsenaux, et y arriver prête à combattre.

Après l'énumération de ces avantages, comment se refuser à donner aux armateurs les moyens d'accroître le cercle de leurs opérations? Et, s'il est une fois reconnu que les colonies françaises ne manqueront pas de produits de pêche, non-seulement parce qu'elles ont sur les marchés étrangers le triple avantage de la position, de la franchise des droits et des frais moindres, mais encore parce qu'elles frappent les produits des autres peuples d'une forte taxe à l'entrée; ne semble-t-il pas que toute mesure propre à étendre la navigation nationale ne peut être que favorablement accueillie? On s'occupe de chercher une combinaison qui permette d'entretenir à peu de frais l'armée de terre; laisserait-on échapper ce moyen déjà trouvé pour l'armée de mer?

Je sais combien sont lourdes les charges qui pèsent sur le budget de l'Etat, et combien le pouvoir législatif doit être désireux de repousser toute dépense nouvelle. Mais quand il s'agit de créer une force maritime qui assure à la France le rang que lui assigne sa position et sa glorieuse histoire; quand il s'agit d'entretenir à bon marché une réserve précieuse, l'âme de nos vaisseaux, le patriotisme l'emporte, et il n'est pas, je crois, de contribuable qui aurait la pensée de récriminer contre un sacrifice aussi bien justifiée.

Certes, si on pouvait donner à la France entière le goût de la morue, ou plutôt s'il était possible d'en abaisser davantage le prix, il ne serait pas indispensable d'augmenter les primes, et nous aurions chez nous un débouché naturel. Mais ce goût ne se commande pas; et d'un autre côté, pour abaisser le prix de la morue qui se consomme dans la métropole, il faudrait étendre la prime aux importations qui y seraient effectuées, et on retomberait toujours dans la nécessité des encouragements. Pour mon compte particulier, je ne vois pas pourquoi la prime d'importation en Espagne, par exemple, ne serait pas acquise au même dégré à l'importation en France, si surtout cette prime avait pour résultat de populariser l'usage de la morue, car la navigation et la longueur du voyage sont les mêmes. Il y a sans doute à cela de puissants motifs qui m'échappent. Je me borne donc à désirer que les produits de pêche soient plus également répartis sur le territoire français au moyen des nouvelles voies de transport, et que le ministère de la guerre et les autres établissemens publics qui ont à nourrir un grand personnel réalisent enfin les vœux formés depuis longtemps pour en accroître la consommation. Et lorsqu'une considération plus impérieuse ne vient pas s'y opposer, j'estime que la longueur des voyages doit seule régler les différences entre le taux des primes. Sous ce rapport les expéditions de France aux Antilles donnant lieu à une navigation plus longue que celles directement faites des lieux de pêche, et comportant l'emploi d'un plus grand nombre de bâtiments, je crois qu'il serait équitable de donner un avantage aux exportations métropolitaines. Vainement les lieux de production prétexteraient-ils qu'ils importent la morue en qualité plus belle, et exciperaient-ils de cet immense avantage en combattant celui qu'il conviendrait de donner à la métropole pour la placer sur le pied de l'égalité. Cet apophthegme répondrait à tout :

« Le commerce de la morue est encouragé comme école de re-
« crutement maritime. »

Je m'arrête à ces considérations générales, et je ne crois pouvoir mieux faire, en terminant, que d'appuyer l'opinion que j'ai émise au sujet de la nécessité d'accorder de nouveaux encouragements à la pêche de la morue, du passage suivant tiré d'un livre qui a obtenu un grand succès, et dont la compétence et le mérite de l'auteur ne peuvent être contestés.

« La marine, quoi qu'on fasse, sera toujours une question d'ar-
« gent, une des plus lourdes charges du budget. Ce qui importe,
« c'est que les sacrifices du pays ne soient point faits en pure perte
« et servent à créer autre chose que des fantômes. Si ces sacrifices
« sont proportionnés à l'étendue de l'entreprise, la France peut voir
« en quelques années un matériel considérable remplir ses arsenaux.
« Ce ne sera point un plus grand miracle que celui qui fit surgir les
« fortifications de Paris, et la même baguette magique est encore là
« pour l'opérer. Mais quand on aura fait cela, on aura peu fait en-
« core. Il restera à créer une âme à ces corps inertes; à ces vais-
« seaux il faudra des commandants habiles, des officiers dévoués,
« des équipages exercés et valides ; au matériel accru, il faudra un
« nouveau personnel. Aussi *le développement de notre inscription*
« *maritime* tient-il le premier rang parmi les préoccupations de tous
« ceux qui hâtent de leurs vœux l'établissement d'une grande marine
« nationale. Il leur semble qu'après avoir construit des vaisseaux et

« même avant d'en construire, il est urgent de créer les hommes
« destinés à les manœuvrer; et, pour avoir des marins à tout prix, ils
« pressent le Gouvernement d'assurer de nouveaux débouchés à no-
« tre navigation marchande, de trouver de l'emploi pour de nouveaux
« navires, de l'occupation pour de nouveaux matelots. » (E. JURIEN
DE LA GRAVIÈRE, *Guerres maritimes sous la République et l'Empire*,
tome 2, pages 287 et suivantes; Paris, 1847, chez Charpentier.)

APPENDICE.

Je ne me suis pas expliqué sur les motifs pour lesquels j'ai conclu à ce que la somme présumée nécessaire à la réalisation des résultats que je laisse entrevoir fût allouée à titre gratuit aux pêcheurs qui donneraient lieu à l'intervention de l'Etat dans le payement de leurs avances. J'aurais craint de nuire à la clarté du sujet en intercalant ces motifs dans le cours de la discussion. Mais les voici :

Il n'existe pas d'agriculture aux îles Saint-Pierre et Miquelon. Là, le travail des champs, c'est la pêche. Or, la pêche, à raison des dépenses élevées qu'exige son exploitation, ne pouvant être faite par des gens qui n'ont rien sans avances préalables, si ces avances sont refusées, la population se trouve dans la nécessité de demander sa subsistance à la mère-patrie.

Mais cette population qui, cessant de pêcher, tombe à la charge de la colonie, une fois remise en possession de ses instruments de travail, concourt à l'agrandissement des forces navales du pays, en employant dans ses armements un nombre important de marins inscrits domiciliés en France.

Il faut donc inférer de ces prémisses que le Gouvernement, tant pour donner des moyens d'existence à des habitants qu'il sera, en tout état de cause, obligé de nourrir, que pour accroître ou maintenir les cadres de l'inscription maritime, a un intérêt direct à faire une dépense annuelle que j'ai portée au maximum de 60,000 fr., seule mesure qui paraisse propre à triompher des difficultés présentes.

Ce chiffre de 60,000 fr. n'est pas tout à fait arbitraire ; mais il n'est pas non plus d'une exactitude rigoureuse. Je l'ai obtenu au moyen de la division de la dette actuelle des pêcheurs, chez les divers commerçants qui se sont livrés à la fourniture, par le nombre d'années pendant lesquelles ils ont fait ce genre de commerce. La réunion des quotients partiels m'a ainsi donné le chiffre de la somme dont les négociants ont été à découvert, année moyenne. Toutefois, ils n'ont pas tous été consultés ; mais je me suis, malgré tout, assez bien rendu compte de la dette que les pêcheurs réunis pouvaient contracter chez leurs fournisseurs, année commune, et je dois ajouter que la somme de 60,000 fr. est plus élevée que le résultat du calcul que j'ai imaginé.

Or, si, lorsque le prix des fournitures était de beaucoup supérieur à celui qui sera la conséquence de la garantie de l'Etat ;

Si, lorsque la livraison, en espèces ou quantités, de ces fournitures ne comportait aucune restriction, tandis que l'effet immédiat de la garantie sera de les restreindre aux seuls objets de première nécessité ;

Si, lorsque la morue avait une valeur arbitrairement donnée par le fournisseur, tandis que, dans l'application du système, cette valeur sera basée sur les ventes et la prime à l'exportation, en laissant un profit raisonnable au négociant ;

Si enfin, à une époque où le pêcheur était moins surveillé, moins menacé, je dirai, et où il devait être conséquemment moins actif qu'il ne le sera par suite de la mesure nouvelle ;

Si, dans de telles conditions, la dette annuelle des pêcheurs ne s'est élevée qu'à 60,000 fr. ou environ, l'économie du projet fait concevoir qu'elle sera, même dans la première année d'épreuve, inférieure à ce chiffre, et que la garantie finira, comme je l'ai dit, par n'être que nominale.

Ainsi, d'un côté, l'Etat a intérêt à consacrer 60,000 fr. au rétablissement de la fourniture aux îles Saint-Pierre et Miquelon ; de l'autre, cette dépense ne tendra qu'à s'amoindrir et même à disparaître.

Avec cette conclusion, on comprendra pourquoi le contrat entre le Gouvernement et le pêcheur m'a paru devoir être *un contrat de bienfaisance.* J'y ai trouvé d'autres puissantes raisons :

1° Il est une impression de l'âme dont j'ai cru devoir tenir compte, c'est le *découragement.* Le découragement use l'activité, porte même à la paresse. Le découragement se rencontre plus particulièrement chez ceux qui sont au-dessous de leurs affaires. Un homme qui doit est découragé. J'ai donc voulu éviter, tout à la fois, que le pêcheur honnête pût se décourager si une année malheureuse le rendait débiteur envers le Gouvernement ; que l'oisiveté pût exciper d'un *prêt* pour opposer aux remontrances des fonctionnaires appelés à la surveiller, aux mesures de sévérité qui doivent l'atteindre, la promesse d'un remboursement impossible.

2° Bien que les pêcheurs ne soient pas en position de faire face par eux-mêmes aux dépenses nécessitées par leurs armements, ils ne sont pas tous dans le besoin; quelques-uns ont même un petit avoir, une maison, etc. Ceux-ci pourraient à la rigueur rembourser ce qui leur serait avancé par l'Etat. Mais, à raison même de ce qu'ils ne sont pas tout à fait dans la gêne, on peut prévoir qu'ils ne donneront pas lieu à la demande en garantie, soit par un juste sentiment de dignité personnelle, soit parce qu'ils ont d'autres moyens de réussite à ajouter à ceux qui leur seront offerts par le Gouvernement. La garantie ne s'appliquera donc qu'au pêcheur pauvre, qu'au pêcheur incapable de rembourser ce qu'il pourra devoir. Pourquoi alors ne pas le laisser sans soucis, sans tracas, s'il est d'ailleurs démontré que la libéralité de la mesure a d'autres compensations?

3º J'ai fixé les profits du fournisseur à un taux assez élevé, trop élevé peut-être, puisque je propose de lui accorder un bénéfice net de 20 p. 0/0 sur l'ensemble de l'opération, qui ne dure que sept à huit mois. Mais, peut-être, le commerce se récriera-t-il sur l'insuffisance des avantages qui lui sont offerts. Dans ce cas, la gratuité me paraît encore devoir être préférée au *prêt*; car elle donne au Gouvernement les moyens de convier les fournisseurs à participer à une œuvre pour laquelle le pays fait de grands sacrifices, et d'engager ainsi leurs sentiments d'humanité, si toutefois l'affaire doit être soumise à leur examen.

Telles sont les raisons qui m'ont conduit à ne pas admettre le principe de remboursement. Cependant, la mesure proposée étant trouvée bonne d'ailleurs, si l'on ne juge pas praticable de grever le budget d'une nouvelle charge sans prendre au moins les précautions nécessaires pour assurer, autant que possible, la réintégration au Trésor de la somme dépensée, un article complémentaire sera seulement à insérer dans le projet. Mais, je ne saurais trop le redire, il serait bien préférable qu'il ne fût pas fait mention de remboursement par le pêcheur donnant lieu à la demande en garantie.

Si l'on veut bien prêter quelque attention à un travail auquel j'ai consacré beaucoup de temps, je dirai même une étude approfondie, peut-être jugera-t-on utile de consulter les chambres de commerce avant d'y donner la suite que la matière paraît devoir comporter. Dans cette hypothèse, je ferai remarquer que l'unanimité de quelques-unes de ces chambres et la majorité des autres sont intéressées à ce que l'établissement de Saint-Pierre et Miquelon ne soit pas l'objet d'une protection spéciale.

Les principaux ports d'expédition pour la pêche de la morue qui se pratique à Terre-Neuve, sur le grand banc et sur les fonds des îles Saint-Pierre et Miquelon, sont au nombre de dix :

Dieppe,
Fécamp,
Saint-Valéry-en-Caux,
La Hougue,
Saint-Brieuc,
Morlaix,
Granville,
Saint-Malo,
Bordeaux
Et Bayonne.

Dans les six premiers de ces ports il ne se trouve aucun armateur qui ait établissement à Saint-Pierre ou à Miquelon ;

A Granville, quatre armateurs sur seize (1) ;

A Saint-Malo, cinq armateurs sur vingt-cinq
Y font des affaires ;

A Bordeaux, il n'y a qu'un seul armateur pour la pêche de la morue ;

A Bayonne, il n'y en a que deux.

Ces trois maisons ont, toutefois, des établissements dans la colonie.

Ainsi, les huit premiers ports paraissent devoir être opposants ; car, leurs intérêts étant à Terre-Neuve ou sur le banc, ils doivent tendre naturellement à diminuer l'importance des îles Saint-Pierre et Miquelon. Dans les deux autres, à Bordeaux et à Bayonne, il n'y a que de l'indifférence à redouter ; mais l'indifférence, comme l'opposition, ne promet aucun succès à la mesure proposée pour accroître la pêche qui se centralise dans la colonie ; et, si cette mesure était soumise à l'examen des chambres de commerce des ports expéditeurs, leurs majorités, se repliant sur l'insuffisance des débouchés, laisseraient peut-être de côté la question spéciale pour ne s'occuper que des primes en général. Moi, pour le moment, je n'ai eu en vue que l'établissement de Saint-Pierre et Miquelon ; que les besoins de sa population et des marins qui fréquentent annuellement ces îles. La

---

[1] A défaut de renseignements plus récents, j'ai pris ceux-ci dans le tableau de répartition des places de Terre-Neuve pour 1841. Ces chiffres sont donc au-dessous de l'effectif actuel des armateurs pour la pêche de la morue dans chaque port ; car il est notoire que, depuis quelques années, leur nombre s'est accru, et, d'un autre côté, Granville et Saint-Malo expédient aussi des bâtiments avec *salaison à bord*, lesquels ne sont pas compris dans le tableau de répartition des places.

question des débouchés ne peut en être séparée, il est vrai, et je l'ai aussi traitée. Mais ce sont là deux affaires distinctes qu'il importe de ne pas confondre. La garantie est pour le pêcheur, les débouchés sont pour le négociant.

Quant aux armateurs métropolitains qui ont des établissements aux îles Saint-Pierre et Miquelon, ils sont au nombre de douze.

Ces douze maisons de commerce sont seules intéressées à ce que la colonie, *considérée en elle-même*, attire d'une manière particulière les regards du Gouvernement, et encore ne le sont-elles pas toutes au même degré. C'est surtout le commerce local et les maisons de France les moins riches, celles qui ne peuvent pas faire de grands armements, qui ont le plus haut intérêt à ce que la fourniture soit reprise aux îles Saint-Pierre et Miquelon dans des conditions où il soit possible d'en retirer quelque profit.

Aux îles Saint-Pierre et Miquelon,

Le 22 février 1849.

ANNEXES.

I.

RÈGLEMENT DU 15 AOUT 1825.

Nous, etc.,
Considérant que le commerce de la fourniture de pêche dans cette colonie a besoin d'être régi par des dispositions spéciales ;
Vu la dépêche de S. Exc. le ministre de la marine du 14 avril dernier, n° 33 ;
Après en avoir délibéré en conseil d'administration et de gouvernement auquel ont été appelés des capitaines géreurs, des négociants fournisseurs et des pêcheurs,
Avons ordonné et ordonnons ce qui suit, pour être exécuté provisoirement, aussitôt sa publication, et sauf l'approbation de Sa Majesté.

TITRE I.

Dispositions préliminaires.

Art. 1er. La pêche de la morue aux îles Saint-Pierre et Miquelon est censée commencer le 1er avril, et finir le 29 septembre de la même année.

Art. 2. A partir du 1er avril, tout armateur ou patron d'une embarcation destinée à la pêche de la morue, qui aura engagé un équipage, sera tenu de le nourrir jusqu'au 29 septembre inclus.

Art. 3. La ration du pêcheur se composera de 1 kil. pain frais, ou 0,750 biscuit par jour, 0,500 beurre, 0,500 lard par semaine ; morue fraîche à discrétion, ou 0,125 légumes secs par jour, bière de sprucce à discrétion.

Art. 4. Tout marin engagé à faire la pêche de la morue sera tenu, à moins de stipulations contraires par écrit, de faire tout ce que son armateur ou patron lui commandera dans l'intérêt de la pêche et de la préparation de la morue.

Art. 5. La police de la pêche, ainsi que de tous les marins faisant la pêche aux îles Saint-Pierre et Miquelon, appartient au sous-commissaire de marine chargé des classes à Saint-Pierre, et au chargé du service à Miquelon. C'est à ces officiers d'administration que continueront d'être adressées directement toutes les plaintes et réclamations autres que celles qui pourraient résulter de l'inexécution des conventions passées entre ces marins, pêcheurs, et leurs capitaines et fournisseurs.

Ces contestations étant du ressort des tribunaux civils et de commerce, lorsqu'elles n'auront pu être conciliées, la connaissance continuera d'en appartenir au conseil temporaire de justice.

TITRE II.

Chap. I. — *Des armements à passagers.*

Art. 6. Le transport des marins pêcheurs à Saint-Pierre et Miquelon, à bord des navires du commerce, emportera de plein droit, de la part des capitaines, l'obligation de procurer à leurs passagers les vivres, fournitures et ustensiles nécessaires à la pêche et à la préparation de la morue, et de les remporter en France, lors du départ de la colonie, à moins que ces derniers n'obtiennent de l'autorité la permission d'hiverner, permission qui ne pourra être accordée qu'avec le consentement du capitaine, s'il n'y a stipulation contraire ;

Et, de la part des passagers, l'obligation de faire la pêche de la morue, et de livrer à leur capitaine tous les produits de leur industrie jusqu'à due concurrence.

Art. 7. Pour que les livres des capitaines ou géreurs fassent preuve contre les pêcheurs qu'ils fournissent des objets qui y sont portés, ils devront leur remettre un livret qui sera assujetti aux mêmes règles que celles posées en l'art. 13 du présent règlement.

Art. 8. S'il n'y a pas eu marché passé par écrit, en France, entre le géreur d'un armement à passagers et les passagers, il sera tenu de leur procurer tous les vivres, fournitures et ustensiles de pêche sur le pied et au prix des autres armements à passagers.

Art. 9. S'il n'existe aucun marché écrit parmi les armements à passagers, les parties contractantes seront présumées avoir acheté ou vendu au cours de la place en fournitures.

Art. 10. Lorsque les conditions passées entre les armateurs et les pêcheurs passagers seront constatées par les rôles d'équipage, au lieu d'être l'objet d'actes spéciaux, ces rôles seront admis en justice comme le seraient des marchés ordinaires.

Art. 11. En cas de refus de la part d'un géreur de livrer à un de ses passagers les vivres, fournitures et ustensiles de pêche qu'il devra lui fournir, si ce refus n'a pas pour motif l'une des causes admises par l'article 23 du présent règlement, ou s'il n'est pas occasionné par un événement de mer arrivé au navire sur lequel ce passager est venu à Saint-Pierre, les dispositions de l'article 22 lui seront applicables.

Chap. II. — *Des fournisseurs et des pêcheurs résidants ou domiciliés dans la colonie.*

Art. 12. Est compris sous la dénomination générale de fournisseur principal, tout négociant ou géreur domicilié ou non dans la colonie, qui entreprend de fournir à une embarcation tous les vivres, fournitures et ustensiles de pêche dont elle pourra avoir besoin pendant la saison de la pêche.

Art. 13. Les registres des fournisseurs ne pourront, dans aucun cas, faire preuve contre les pêcheurs qu'ils fournissent des objets qui y sont portés, qu'autant que ceux-ci seront munis d'un livret coté et paraphé par le négociant, sur lequel ces fournitures devront être portées comme sur le registre correspondant à la date des livraisons.

Ces livrets devront être enregistrés au greffe de la colonie avant d'y porter aucun article; le négociant ne sera point admis à faire preuve en justice de toute fourniture antérieure à cet enregistrement.

A Miquelon, ces formalités seront remplies par le chargé du service de cette île.

Cet enregistrement, de même que celui prescrit par l'article 7, sera sans frais.

Art. 14. Le négociant ou géreur qui se sera conformé aux dispositions de l'article précédent sera seul reconnu comme fournisseur principal, et ses droits sur tous les produits de la pêche de l'embarcation qu'il aura fournie seront garantis, comme il est dit au titre du payement.

Un pêcheur ne pourra avoir qu'un seul fournisseur principal, et ne pourra prendre des fournitures ailleurs, à moins de consentement par écrit de celui qui aura joui le premier de ce titre.

Art. 15. En justice, le livret du pêcheur fera seul foi des livraisons qui lui auront été faites par le fournisseur. En cas de perte du livret pendant le cours de la pêche, le pêcheur devra en faire sur-le-champ sa déclaration à qui de droit et le négociant pourra être tenu de lui remettre de suite son compte arrêté du jour de la perte du livret.

Art. 16. A la fin de la pêche, le livret devra porter arrêté de compte, et cet arrêté de compte signé du fournisseur restera comme titre au pêcheur.

Art. 17. Toutes les fournitures de pêche, quoique portées sur les registres des négociants ou géreurs à leur valeur en argent, seront présumées, à moins de stipulations contraires, par écrit, avoir été livrées et reçues payables en morue sèche et marchande, à 20 fr. les 50 kil., ou, à défaut de morue sèche et marchande, en huile de morue au cours de la place.

Art. 18. Les dispositions de l'article précédent sont applicables à tous billets et obligations payables dans la colonie.

Art. 19. S'il y a eu marché passé entre le fournisseur et le pêcheur, le fournisseur ne sera responsable envers lui que des quantités de marchandises qui y seront portées.

Art. 20. S'il n'y a pas eu de marché passé, ou si les quantités d'objets à fournir n'y sont pas limitées, le fournisseur sera tenu de procurer au pêcheur, au fur et à mesure de ses besoins, tous les vivres, fournitures et ustensiles de pêche reconnus de première nécessité.

Art. 21. S'il n'est pas fait mention aux marchés des prix auxquels les fournitures doivent être faites, les parties contractantes seront présumées avoir acheté ou vendu au cours de la place en fournitures.

Art. 22. Si, pendant la saison de la pêche, le fournisseur principal refuse de délivrer au pêcheur qu'il a entrepris de fournir l'un des articles de pêche reconnu de première nécessité, sur son refus légalement constaté, il sera permis, par l'autorité du lieu, au pêcheur réclamant de se faire fournir ailleurs, et le premier fournisseur perdra son privilége pour les fournitures qu'il aura faites antérieurement à son refus.

Dans le cas où le pêcheur ne pourra se procurer les objets que son fournisseur aura refusé de lui livrer, il aura le droit de demander une indemnité, qui sera réglée par experts.

Art. 23. Si, pendant la saison de pêche, ou depuis que le marché a été passé, le pêcheur vient à se trouver, par cas fortuit, dans un état d'insolvabilité tel qu'il ne pourrait évidemment payer ses fournitures, le fournisseur ne pourra être contraint de les continuer.

TITRE III.

Du payement.

Chap. I. — *De la part des équipages.*

Art. 24. En aucun cas, le fournisseur principal ne pourra se prévaloir de ce titre pour toucher à la part revenant aux équipages, pour se payer de ses fournitures, lors même que la pêche faite par l'embarcation qu'il aura fournie ne serait pas suffisante pour le rembourser de ses avances.

Cette disposition est applicable aux géreurs des armements à passagers.

La part des équipages sera mise à leur disposition chaque fois qu'il y aura des livraisons faites au fournisseur principal.

Art. 25. Ne sont point considérées comme faisant partie du salaire des compagnons pêcheurs, les gratifications que l'on est dans l'usage de leur accorder, avant même d'avoir commencé la pêche. Ces gratifications ne devront être payées qu'après que tous les créanciers privilégiés auront été entièrement soldés de leurs avances de l'année. Elles ne conféreront aux compagnons pêcheurs qu'une simple créance dont le payement sera subordonné aux règles établies par l'art. 28 du présent règlement.

Chap. II. — *De la part revenant à l'armateur ou au patron.*

Art. 26. Tout armateur ou patron d'une embarcation ne pourra, pour quelque motif que ce soit, disposer des produits de sa pêche avant que son fournisseur principal et les autres créanciers privilégiés soient payés en totalité de leurs fournitures de l'année.

Art. 27. Les créanciers privilégiés dont parle l'article précédent sont : 1° Le fournisseur principal, en tant qu'il se sera conformé aux dispositions prescrites par le présent règlement ; 2° le boulanger, pour la cuisson du pain ; 3° le propriétaire de la grave sur laquelle la morue aura été préparée et séchée ; 4° le capelanier ; 5° les forgerons, charpentiers, menuisiers, calfats et voiliers qui auront travaillé à mettre l'embarcation en état de prendre la mer, autant qu'ils auront fait arrêter leur mémoire par le fournisseur, avant le départ de l'embarcation.

Si tous les produits de la pêche sont insuffisants pour payer en totalité les créanciers compris dans cet article, ils viendront en concurrence, et partageront au marc le franc.

Art. 28. Tous les autres marchands ou géreurs non reconnus comme créanciers privilégiés, quelles que soient d'ailleurs la date et la nature de leurs créances, ne pourront en exiger le payement sur les produits de la pêche de leur débiteur qu'après que tous les créanciers privilégiés auront été soldés en entier de leurs créances de l'année, et seulement de la manière et ainsi qu'il est dit aux Codes civil et de procédure.

Art. 29. Tout pêcheur est tenu, chaque fois qu'il aura de la morue confectionnée, de la livrer à son fournisseur principal, s'il en est requis, jusqu'à due concurrence. Celui-ci sera alors comptable envers les autres créanciers privilégiés, s'il arrivait qu'il n'y eût pas assez de morue ou d'huile de morue pour les payer en totalité.

Art. 30. En cas de contestation sur la qualité de la morue offerte en payement aux capitaines géreurs et autres fournisseurs, il sera nommé des experts de part et d'autre. Sur le refus de l'une des parties, il en sera nommé d'office par qui de droit.

Chap. III. — *De la saisie et de la vente par autorité de justice des embarcations de pêche, en cas de non payement des fournitures de pêche.*

Art. 31. Lorsque l'armateur ou patron d'une embarcation de pêche n'aura pas pris assez de morue pour payer à tous ses créanciers reconnus privilégiés, par l'article 27 du présent règlement, les avances qu'ils lui auront faites pendant l'année, il sera tenu de remplir le reste de ses engagements sur tous ses biens meubles et immeubles.

Art. 32. Tout créancier privilégié qui n'aura pas été payé en entier de ses avances de l'année, pourra, la pêche finie, et après avoir fait reconnaître et arrêter son compte en justice, saisir et faire vendre par autorité de justice les embarcations de pêche de son débiteur.

Art. 33. Pour tout bâtiment de mer n'excédant pas dix tonneaux, la saisie sera faite et la vente opérée comme il est dit au titre 8, livre V du Code de procédure civile; au-dessus de ce tonnage, les bâtiments ne pourront être saisis et vendus que conformément au titre 2, livre II du Code de commerce.

Art. 34. Dans les trois jours qui suivront l'adjudication d'un bâtiment de mer, tous les créanciers du saisi devront produire au greffe de la colonie leurs titres de créance. Passé ce temps, ils ne seront plus admis, et il sera par qui de droit procédé à la distribution du prix de vente.

Art. 35. Seront privilégiés sur le prix de cette vente:

1º Les frais de justice faits pour parvenir à la vente et à la distribution du prix;

2º Les gages du gardien, qui aura été mis à bord du bâtiment saisi;

3° Les créanciers dénommés en l'art. 27 du présent règlement.

En cas d'insuffisance du prix, ces créanciers viendront en concurrence au marc le franc.

Si, ces créanciers payés, il reste encore de l'argent de la vente, cet excédant sera partagé au marc le franc entre les créanciers produisants.

Art. 36. Le droit de saisir et de faire vendre par autorité de justice une embarcation de pêche est exclusivement réservé aux créanciers reconnus privilégiés par l'art. 27 du présent règlement; il est expressément dérogé par le présent article aux art. 2092 et 2093 du Code civil, en faveur de la protection toute spéciale à accorder au commerce et à la fourniture de la pêche dans cette colonie.

Art. 37. Quant aux autres biens du débiteur, quelle que soit d'ailleurs sa profession, étant le gage commun de ses créanciers, ils continueront à pouvoir être saisis et vendus, ainsi qu'il est dit aux Codes civil et de procédure.

TITRE IV et dernier.

Dispositions générales.

Art. 38. Quiconque recevra d'un pêcheur, pour quelque motif que ce puisse être, de la morue ou tout autre produit de la pêche, avant que le fournisseur principal et les autres créanciers privilégiés soient entièrement payés de leurs fournitures de l'année, sera contraint, si le fait est avéré, de restituer en première qualité la même quantité de morue que celle qu'il aura reçue.

Le pêcheur qui aura contrevenu aux dispositions de cet article sera passible de dommages-intérêts envers ses créanciers privilégiés, s'il y a lieu.

Cette action ne peut être intentée que par le créancier privilégié qui n'aura pas été entièrement soldé de ses avances de l'année.

Art. 39. Le pêcheur qui sera convaincu d'avoir soustrait sa plus belle morue à son fournisseur principal et à ses créanciers privilégiés, payera une amende de cinq francs à cinquante francs, sans préjudice des dommages-intérêts, s'il y a lieu, et tout individu qui sera convaincu d'avoir facilité à un pêcheur les moyens de soustraire sa morue sera passible de la même amende.

Art. 40. Le produit des amendes qui seront perçues en vertu du présent règlement sera versé dans la caisse coloniale.

Art. 41. Tous ordres, arrêtés et règlements antérieurs à la publication du présent règlement sont révoqués en ce qu'ils ont de contraire aux dispositions qu'il renferme.

Art. 42. Il n'est en rien dérogé par le présent règlement aux dispositions du Code de commerce qui peuvent recevoir leur exécution dans la colonie.

Art. 43. Le Code civil continuera également à faire loi pour toutes les matières de commerce non réglées par des dispositions spéciales.

Le présent règlement sera publié partout où besoin sera aux îles Saint-Pierre et Miquelon, et sera enregistré au greffe et au contrôle de la colonie.

Donné en l'hôtel du Gouvernement à Saint-Pierre de Terre-Neuve, le 18 août 1825.

II.

ARRÊTÉ DU 26 OCTOBRE 1826

SUR

LE MODE DE PAYEMENT DES FOURNITURES FAITES AUX COMPAGNONS PÊCHEURS.

Art. 1er. Seront privilégiés sur la part revenant aux équipages des embarcations de pêche les créanciers ci-après, savoir :

1º Le négociant ou marchand qui aura fourni au débiteur et à sa famille leur subsistance de l'année, et au pêcheur les effets d'habillement de première nécessité pour la pêche ;

2º Le boulanger pour la cuisson du pain ;

3º L'habitant chez lequel le pêcheur aura hiverné, pour le payement de son hivernement, jusqu'à concurrence de trente francs ;

4º La personne qui aura blanchi les effets du pêcheur pendant la dernière année, et jusqu'à concurrence de vingt francs.

En cas d'insuffisance, ces créanciers seront payés en concurrence et au marc le franc.

Art. 2. Pour avoir droit au privilége dont parle l'article précédent, le fournisseur de subsistances et d'effets d'habillement devra remettre au pêcheur un livret qui sera assujetti aux formalités prescrites par l'art. 13 du règlement du 18 août 1825, et auquel seront applicables les dispositions des articles 15 et 16 dudit règlement.

Ce livret devra porter en titre ces mots : *livret de compagnon pêcheur*.

Il sera enregistré au bureau des classes.

Un pêcheur ne pourra avoir qu'un seul fournisseur privilégié pour ces objets.

Art. 3. Si le fournisseur d'un compagnon pêcheur refuse de lui délivrer les objets mentionnés en l'art. 1, et reconnus de première nécessité, sur son refus légalement constaté, il sera permis par l'autorité du lieu, au pêcheur réclamant, de se faire fournir ailleurs, et le second fournisseur viendra en concurrence avec le premier.

Art. 4. Seront applicables aux compagnons pêcheurs les dispositions des articles 17, 19, 21, 23, 26, 30, 38, 39 et 40 du règlement du 18 août 1825.

III.

ARRÊTÉ DU 8 JUILLET 1828.

Nous, etc.,

Vu les ordres de Son Excellence, qui prescrivent de réduire autant que possible le nombre des habitants des îles Saint-Pierre et Miquelon, qui, chaque année, tombent à la charge du Roi ;

Vu l'insuffisance des mesures prises jusqu'à présent à cet égard, puisqu'il résulte de l'apurement des comptes de l'hiver dernier que l'allocation portée au budget de la colonie pour ces sortes de dépenses a été presque doublée ;

Considérant que cet état fâcheux a été principalement amené par le parti pris d'un commun accord par les fournisseurs de cesser à l'automne toutes fournitures aux familles des pêcheurs, qu'ils avaient l'habitude d'alimenter en toutes saisons ;

Qu'en prenant cette mesure, MM. les fournisseurs ne se dissimulaient pas qu'elle était de nature à dégager plus ou moins leurs anciens fournis, puisqu'ils ont voulu en même temps échapper à cet effet en s'obligeant entre eux à ne subvenir, sous aucun prétexte, aux besoins des fournis les uns des autres, et ce, sous peine de 1,000 francs d'amende ;

Que le résultat naturel de cette dernière résolution a été de faire tomber un grand nombre de familles des pêcheurs à la charge du Roi, pendant toute la saison morte, sans pour cela que MM. les fournisseurs aient couru le risque de ne pas retrouver leurs fournis au temps où il leur convenait de les reprendre, c'est-à-dire au renouvellement de la pêche ;

Que l'arrêté dont la teneur suit n'est qu'une extension, commandée par les localités, des dispositions du n° 7 de l'art. 592 du Code de procédure civile ;

Avons ordonné :

Art. 1er. Tout habitant sédentaire qui aura entièrement soldé ses créanciers privilégiés de leurs avances de l'année sera autorisé, avant de payer ses autres dettes, à retenir sur la morue ou l'huile qui pourrait lui rester les sommes suivantes, pour se procurer des vivres d'hiver et ceux de sa famille, savoir : par personne au-dessus de l'âge de douze ans, 67 f. 50 c.; par enfant au-dessous de douze ans, 45 fr.

Art. 2. Tout habitant qui ne pourra justifier, par son livret et sa déclaration de pêche, que sa pêche n'a pu suffire qu'à payer ses créanciers privilégiés de leurs avances de l'année, et qui ne pourra se procurer des vivres d'hiver, sera renvoyé en France.

Art. 3. Pourront toutefois les fournisseurs et autres créanciers saisir, jusqu'à due concurrence, tous les produits de pêche appartenant à leur débiteur, en prenant l'engagement de le nourrir, ainsi que sa famille, jusqu'au 1er avril.

Saint-Pierre de Terre-Neuve, le 8 juillet 1828.

Signé : Brue.

TABLE DES MATIÈRES.

                                                        Pages.

AVANT-PROPOS. 3

CHAP. Iᵉʳ. — Éléments qui sont entrés dans la composition de la population sédentaire des îles Saint-Pierre et Miquelon. — Conséquences............ 5

CHAP. II. — L'état actuel de la colonie tient à la nature spéciale de l'établissement. — Son importance lui vient de ses relations avec la métropole et l'étranger. — Mesures à prendre à l'égard de la population sédentaire, au point de vue des devoirs à remplir envers le pays..................... 16

CHAP. III. — Moyens d'exploitation de la pêche locale (Personnel)........... 22

CHAP. IV. — Moyens d'exploitation de la pêche locale (Matériel). — Extension qu'il est permis de lui assigner.................................. 33

CHAP. V. — Résumé des chapitres précédents. — Considérations générales sur la pêche de la morue... 49

APPENDICE. 67

ANNEXES... 72

Paris, imprimerie de Paul Dupont.

www.ingramcontent.com/pod-product-compliance
Ingram Content Group UK Ltd.
Pitfield, Milton Keynes, MK11 3LW, UK
UKHW021903240426
12048UKWH00037B/1216